Teach®
Yourself

SHORT STORIES in ITALIAN

Volume 2

Read for pleasure at your level
and learn Italian the fun way!

OLLY RICHARDS

Series Editor
Rebecca Moeller

Development Editor
Paola Tite

T0349288

First published by Teach Yourself in 2022
An imprint of John Murray Press
A division of Hodder & Stoughton Ltd,
An Hachette UK company

7

Paperback ISBN 9781529361698
eBook ISBN 9781529361704

Typeset by Integra Software Services Pvt. Ltd., Pondicherry, India

Printed and bound in Great Britain by Clays Ltd, Elcograf S.p.A.

John Murray Press policy is to use papers that are natural, renewable and recyclable products and made from wood grown in sustainable forests. The logging and manufacturing processes are expected to conform to the environmental regulations of the country of origin.

John Murray Press
Carmelite House
50 Victoria Embankment
London EC4Y 0DZ

Nicholas Brealey Publishing
Hachette Book Group
Market Place, Center 53, State Street
Boston, MA 02109, USA

www.teachyourself.com

Also available in ebook

Contents

Don't forget the audio!

Listening to the story read aloud is a great way to improve your pronunciation and overall comprehension. So, don't forget – download it today!

The audio that accompanies this course is available to purchase from readers.teachyourself.com and to download to the accompanying app.

About the Author

 Olly Richards, author of the *Teach Yourself Foreign Language Graded Readers* series, speaks eight languages and is the man behind the popular story-based language learning blog *StoryLearning.com* and YouTube channel of the same name.

Olly started learning his first foreign language at age 19, when he bought a one-way ticket to Paris. With no exposure to languages growing up, and no special talent to speak of, Olly had to figure out how to learn a foreign language from scratch.

Fifteen years later, Olly holds a master's degree in TESOL from Aston University as well as Cambridge CELTA and DELTA, and is regarded as an expert in language learning techniques. He collaborates with organizations such as the Open University and the European Commission, appears regularly across media worldwide, and runs one of the fastest-growing YouTube channels on language learning.

Olly started the *StoryLearning* blog in 2013 to document his latest language learning experiments. His focus on learning languages through story has transformed the blog into one of the most popular language learning resources on the web. Olly has always advocated that reading is one of the best ways to improve your language skills and he has now applied his expertise to create the *Teach Yourself Foreign Language Graded Readers* series. He hopes that *Short Stories in Italian for Beginners Volume 2* will help you in your language studies!

For more information about Olly and his blog,
go to storylearning.com.

For more information about other readers in this
series, go to readers.teachyourself.com.

Introduction

Reading in a foreign language is one of the most effective ways for you to improve language skills and expand vocabulary. However, it can sometimes be difficult to find engaging reading materials at an appropriate level that provide a feeling of achievement and a sense of progress. Most books and articles written for native speakers can be too long and difficult to understand or may have very high-level vocabulary so that you feel overwhelmed and give up. If these problems sound familiar, then this book is for you!

Short Stories in Italian for Beginners Volume 2, like *Short Stories in Italian for Beginners Volume 1*, is a collection of eight unconventional and entertaining short stories that are designed to help high-beginner to low-intermediate-level Italian learners* improve their language skills. These short stories have been designed to create a supportive reading environment by including:

➤ **Rich linguistic content in different genres** to keep you entertained and expose you to a variety of word forms as well as many of the most common words in the Italian language!

* Common European Framework of Reference (CEFR) levels A2–B1.

➤ **Interesting illustrations** to introduce the story content and help you understand what happens.

➤ **Shorter stories broken into chapters** to give you the satisfaction of finishing the stories and progressing quickly.

➤ **Texts written at your level** so they are more easily comprehended and not overwhelming.

➤ **Special learning aids** to help support your understanding including:

  ✦ *Summaries* to give you regular overviews of plot progression.

  ✦ *Vocabulary lists* to help you understand unfamiliar words more easily. These words are bolded in the story and translated after each chapter.

  ✦ *Comprehension questions* to test your understanding of key events and to encourage you to read in more detail.

So perhaps you are new to Italian and looking for an entertaining way to learn, or maybe you have been learning for a while and simply want to enjoy reading and expand your vocabulary, either way, this book is the biggest step forward you will take in your studies this year. *Short Stories in Italian for Beginners Volume 2* will give you all the support you need, so sit back, relax, and let your imagination run wild as you are transported to a magical world of adventure, mystery and intrigue – in Italian!

How to Read Effectively

Reading is a complex skill. In our first languages, we employ a variety of micro-skills to help us read. For example, we might skim a particular passage in order to understand the general idea, or gist. Or we might scan through multiple pages of a train timetable looking for a particular time or place. While these micro-skills are second nature when reading in our first languages, when it comes to reading in a foreign language, research suggests that we often abandon most of these reading skills. In a foreign language we usually start at the beginning of a text and try to understand every single word. Inevitably, we come across unknown or difficult words and quickly get frustrated with our lack of understanding.

One of the main benefits of reading in a foreign language is that you gain exposure to large amounts of words and expressions used naturally. This kind of reading for pleasure in order to learn a language is generally known as 'extensive reading'. It is very different from reading a textbook in which dialogues or texts are meant to be read in detail with the aim of understanding every word. That kind of reading to reach specific learning aims or do tasks is referred to as 'intensive reading'. To put it another way, the intensive reading in textbooks usually helps you with grammar rules and specific vocabulary, whereas reading stories extensively helps show you natural language in use.

While you may have started your language learning journey using only textbooks, *Short Stories in Italian for Beginners Volume 2* will now provide you with opportunities to learn more about natural Italian language in use. Here are a few suggestions to keep in mind when reading the stories in this book in order to learn the most from them:

➤ **Enjoyment and a sense of achievement when reading is vitally important.** Enjoying what you read keeps you coming back for more. The best way to enjoy reading stories and feel a sense of achievement is by reading each story from beginning to end. Consequently, reaching the end of a story is the most important thing. It is actually more important than understanding every word in it!

➤ **The more you read, the more you learn.** By reading longer texts for enjoyment, you will quickly build up an innate understanding of how Italian works. But remember: in order to take full advantage of the benefits of extensive reading, you have to actually read a large enough volume in the first place! Reading a couple of pages here and there may teach you a few new words, but won't be enough to make a real impact on the overall level of your Italian.

➤ **You must accept that you won't understand everything you read in a story.** This is probably the most important point of all! Always remember that it is completely normal that you do not understand all the words or sentences. It doesn't mean that your language level is flawed or that you are not doing well.

It means that you're engaged in the process of learning. So, what should you do when you don't understand a word? Here are a few steps:

1. Look at the word and see if it is familiar in any way. Remember to look for vocabulary elements from your first language that may be familiar. Take a guess – you might surprise yourself!
2. Re-read the sentence that contains the unknown word several times. Use the context of that sentence, and the rest of the story, to try to guess what the unknown word might mean.
3. Think about whether or not the word might be a different form of a word you know. For example, you might encounter a verb that you know, but it has been conjugated in a different or unfamiliar way:

parlare – to speak
(loro) hanno parlato – (they) have spoken
(lui) ha parlato – (he) has spoken

You may not be familiar with the particular form used, but ask yourself: *Can I still understand the gist of what's going on?* Usually, if you have managed to recognise the main verb, that is enough. Instead of getting frustrated, simply notice how the verb is being used, and carry on reading. Recognizing different forms of words will come intuitively over time.

4. Make a note of the unknown word in a notebook and check the meaning later. You can review these words over time to make them part of your active vocabulary. If you simply must know the meaning of a bolded word, you can look it up in the vocabulary list at the end of the chapter, the glossary at the back of the book or use a dictionary. However, this should be your last resort.

These suggestions are designed to train you to handle reading in Italian independently and without help. The more you can develop this skill, the better you'll be able to read. Remember: learning to be comfortable with the ambiguity you may encounter while reading a foreign language is the most powerful skill that will help you become an independent and resilient learner of Italian!

The Six-Step Reading Process

In order to get the most from reading *Short Stories in Italian for Beginners Volume 2*, it will be best for you to follow this simple six-step reading process for each chapter of the stories:

① Look at the illustration and read the chapter title. Think about what the story might be about. Then read the chapter all the way through. Your aim is simply to reach the end of the chapter. Therefore, *do not stop to look up words and do not worry if there are things you do not understand*. Simply try to follow the plot.

② When you reach the end of the chapter, read the short summary of the plot to see if you have understood what has happened. If you find this difficult, do not worry. You will improve with each chapter.

③ Go back and read the same chapter again. If you like, you can focus more on story details than before, but otherwise simply read it through one more time.

④ When you reach the end of the chapter for the second time, read the summary again and review the vocabulary list. If you are unsure about the meanings of any words in the vocabulary list, scan through the text to find them in the story and examine them in context. This will help you better understand the words.

⑤ Next, work through the comprehension questions to check your understanding of key events in the story. If you do not get them all correct, do not worry; simply answering the questions will help you better understand the story.

⑥ At this point, you should have some understanding of the main events of the chapter. If not, you may wish to re-read the chapter a few times using the vocabulary list to check unknown words and phrases until you feel confident. Once you are ready and confident that you understand what has happened – whether it's after one reading of the chapter or several – move on to the next chapter and continue enjoying the story at your own pace, just as you would any other book.

Only once you have completed a story in its entirety should you consider going back and studying the story language in more depth if you wish. Or instead of worrying about understanding everything, take time to focus on all that you *have* understood and congratulate yourself for all that you have done so far! Remember: the biggest benefits you will derive from this book will come from reading story after story through from beginning to end. If you can do that, you will be on your way to reading effectively in Italian!

Il castello

Capitolo 1 — La giovane ispettrice

Questa è la storia dello strano caso dell'ispettrice Chiara Galassi.

L'ispettrice Galassi era una ragazza intelligente e molto **audace**. Chiara si occupava di risolvere casi di crimini da poco tempo. Sebbene fosse giovane, aveva un talento naturale per questo. Viveva in una piccola cittadina **isolata**, apparentemente tranquilla, dove però c'erano sempre casi da risolvere.

Un martedì piovoso, si alzò dal letto e andò in cucina. Preparò il caffè con una nuova **miscela** che aveva comprato nel negozio all'angolo. Il **proprietario**, un etiope molto simpatico, vendeva prodotti stranieri. A lei piacevano molto i **sapori** esotici e per questo comprava lì il suo caffè.

Aprì la credenza, prese una tazzina e versò il caffè appena fatto. Poi andò verso un altro armadietto, prese lo zucchero e ne mise un cucchiaino nel caffè. Si sedette al tavolo della cucina. Dato che aveva qualche minuto a disposizione, si mise a leggere il giornale. Non c'era nulla di interessante. Le notizie della sua città erano generalmente noiose.

Però quel giorno, dopo aver sfogliato diverse pagine, trovò qualcosa di interessante, scritto a caratteri piccoli.

–Evviva! – disse spalancando gli occhi– Questo sì che è interessante!

Chiara vide una fotografia del proprietario del castello **situato alla periferia** della città. Non si sapeva molto **di** quel luogo. Il castello era una costruzione molto grande e antica. Il proprietario era un uomo alto, pelato, che si chiamava Cedric Harrison. Era una persona solitaria... e con tanti soldi.

–Non ci posso credere! –disse mentre leggeva l'articolo.

L'articolo diceva che Harrison avrebbe aperto il castello al pubblico per un evento di beneficenza. Il giorno 15 ci sarebbe stata una grande **asta** di pittura antica per raccogliere fondi per la città. Per questo, Harrison avrebbe aperto le porte del castello a tutta la città.

Chiara aveva sempre desiderato vedere l'interno del castello. Stava **ancora** leggendo l'articolo quando il telefono di casa squillò.

–Chi sarà adesso? –**sussurrò**.

La ragazza si alzò per rispondere. Era il suo capo, il commissario Volpi.

–Buongiorno, Galassi.

–Buongiorno, capo! –rispose un po' tesa. –Che succede di nuovo?

–Ho bisogno che venga in ufficio immediatamente –ordinò freddamente il suo capo.

–È successo qualcosa?

Senza sapere perché, Chiara pensò immediatamente al castello. La sua città era generalmente tranquilla, non succedeva mai niente. Tuttavia, dopo la notizia riportata nell'articolo di giornale, pensò che stesse succedendo qualcosa di inaspettato.

–Ispettrice Galassi, sa cos'è successo al castello?
–No, non lo so. Stavo ancora leggendo quando…
–Neanche noi lo sappiamo –interruppe il suo capo. –Ha letto il giornale?
–L'ho appena aperto.
–Ho bisogno che venga in ufficio. **Al volo**!
–Sto arrivando –assicurò Galassi, mentre raccoglieva le sue cose.

Chiara indossò il suo lunghissimo cappotto nero, così lungo che arrivava quasi a terra. Faceva freddo e cadeva un po' di pioggia. Prese l'ombrello e uscì di casa. Arrivata alla macchina, chiuse l'ombrello e salì sulla sua auto, un Maggiolino del 1970. **Mise in moto** e **si diresse al commissariato** di polizia dove lavorava.

Il commissariato si trovava in un'altra parte della città, lontano dal suo quartiere. Quella parte era più **affollata** e più popolata. L'ispettrice scese dall'auto e guardò verso l'ingresso dell'edificio. Si fermò un istante. Lì c'era l'addetto alla sicurezza.

–Buongiorno, ispettrice.
–Salve, buongiorno, signor Ruggeri. Tutto bene? –chiese per abitudine ed entrò senza aspettare una risposta.

Una volta dentro, notò che tutti i suoi colleghi erano nervosi. Il commissario capo Volpi era di cattivo umore. Lavoravano tanto e sempre di corsa.

Salì le scale e passò davanti a diverse porte, salutando i suoi colleghi. Infine, arrivò davanti alla porta del suo ufficio e fece un sospiro. Sulla porta c'era una **targhetta** con il suo nome: "Ispett. Chiara Galassi". Prima di entrare, sentì il capo che la chiamava.

–Galassi! –gridò.

Chiara si voltò **goffamente** e per poco non **inciampò** sul tappeto.

–Si sieda –le disse il capo.

Volpi, un uomo dai capelli e dai baffi rossi, cominciò a parlare.

–Allora. Voglio parlarle di una questione delicata.

–Quale questione? –chiese l'ispettrice.

–Del castello, –rispose il capo **alzando lo sguardo** –del giornale, di quello che stava leggendo e di quello che ancora non sa.

–È una cosa grave, capo? –chiese Chiara spalancando gli occhi.

–Sì. Ho una missione per lei. La sua prima missione importante e spero di non **commettere un errore** assegnandola a lei.

La giovane ispettrice notò che il suo capo era nervoso, però non chiese nulla. Era molto contenta che le assegnasse la sua prima missione importante. Volpi la teneva sempre alla scrivania, a sbrigare lavori amministrativi.

–Capisco, capo, e le assicuro che non se ne pentirà. Che cosa è successo esattamente?

–Dunque, il signor Cedric Harrison è tornato al castello.

Chiara si fermò a pensare. Questo non era importante. Era qualcosa di normale. Tutti sapevano che il milionario visitava la sua proprietà due volte all'anno. A volte trascorreva lì diversi giorni, senza parlare con nessuno. Poi ripartiva e lasciava tutto chiuso.

–Va bene, capo, ma questa non è una cosa strana.

–Lo è! –ribatté Volpi **fissandola**. –Lei conosce l'uomo?

–No, so solo quello che si dice su di lui, ma non so com'è fatto fisicamente.

–**Andiamo al sodo**. Ho motivo di credere che l'uomo sia in pericolo oppure è semplicemente **impazzito**. Voglio che vada a investigare su quello che sta succedendo.

L'ispettrice Galassi non capiva perché il suo capo non parlasse chiaro.

–Impazzito?

–Dice che qualcuno lo vuole uccidere.

–Caspita!

–Sì, Galassi. Nello specifico, un poliziotto. Un uomo.

–Ha fatto nomi?

–No. Ha paura e, siccome non si fida di nessuno, ho deciso di mandare una donna a parlargli.

–E quella donna...

–Devo spiegarle tutto? –interruppe spazientito Volpi. –Vada lì immediatamente. Voglio sapere cosa sta succedendo al signor Harrison.

–Subito, capo.

–Ah, un'altra cosa: non parli con nessuno di questa storia. Stia attenta, non una parola di troppo. Potremo comunicare telefonicamente, nel caso avesse bisogno di me.

L'ispettrice Galassi era contenta. Non aveva paura, era una donna preparata e quella era la sua occasione per dimostrare che era anche una grande poliziotta. Il capo continuò a parlare:

–Si metta in macchina e vada al castello, prima che inizi il temporale. Parli con Harrison e scopra se si sta immaginando tutto. Queste voci sulla polizia non fanno bene alla nostra reputazione in città.

–Sono d'accordo. C'è nient'altro, capo?

–C'è che dovrebbe smettere di parlare e dovrebbe andare immediatamente –disse, battendo un pugno sulla scrivania. –Una cosa importante: si porti la pistola. Non si dimentichi la pistola!

–Tutto chiaro –disse Galassi **aggrottando la fronte**.

La giovane si alzò dalla sedia e uscì in strada. Raggiunta la sua auto, rimase seduta immobile per qualche istante ripensando alle parole di Volpi. La giornata **si prospettava bene**: avrebbe visto l'interno del vecchio edificio e aveva ottenuto il suo primo caso importante. Sorrise e guidò fino al Castello Harrison.

Annesso al capitolo 1

Riassunto

La giovane ispettrice Chiara Galassi legge un articolo sul giornale che parla del castello situato fuori città. L'articolo dice che il proprietario del castello, il signor Cedric Harrison, lo aprirà al pubblico per un'asta di pittura. Il capo di Chiara, il commissario capo Volpi, dice a Chiara che dovrà investigare su uno strano caso al castello. Il signor Cedric Harrison afferma che un agente di polizia vuole ucciderlo.

Vocabolario

audace daring
isolato secluded
miscela blend
proprietario owner
sapori flavours
situato alla periferia located in the outskirts
di about
asta auction
ancora still
sussurrare to whisper
Al volo! Immediately!
mettere in moto to start an engine
dirigersi al commissariato to head for a police station
affollato crowded
targhetta nameplate (*as seen on an office door*)
goffamente awkwardly
inciampare to trip over
alzare lo sguardo to look up
commettere un errore to make a mistake
fissare to stare at

Andiamo al sodo. Let's get to the point.

impazzire to go crazy

aggrottare la fronte to frown

prospettarsi bene to look good

Domande a risposta multipla

1) Quando vede l'articolo sul giornale, Chiara si stupisce perché ___
   a. non conosce il castello.
   b. normalmente la sua città non compare sui giornali.
   c. di solito non ci sono notizie interessanti della sua città.
   d. le piaceva moltissimo l'arte.

2) Il signor Harrison è ___
   a. molto povero.
   b. calvo.
   c. molto socievole.
   d. basso.

3) Chi chiama Chiara al telefono?
   a. un etiope molto simpatico
   b. Cedric Harrison
   c. suo padre
   d. il commissario capo Volpi

4) Quando Chiara entra nella stazione di polizia si rende conto che ___
   a. la guardia di sicurezza è nervosa.
   b. il suo capo non è contento.
   c. i suoi colleghi non stanno lavorando sodo.
   d. c'è una targhetta con il suo nome sulla porta.

5) Quando il suo capo le spiega la missione, Chiara è ___
   a. felice, perché può dimostrare che è una brava detective.
   b. delusa perché non potrà più svolgere compiti di amministrazione.
   c. impaurita, perché si tratta di una missione pericolosa.
   d. arrabbiata, perché il suo capo l'ha scelta.

Capitolo 2 — L'altra macchina

L'ispettrice Galassi **guidò** attraverso il bosco. Seguì una piccola stradina tra gli alberi. La strada era in cattive condizioni, piena di **buche** e sassi qua e là: la si percorreva solo per andare al castello. **Neanche un'anima viva** passava di lì.

Faceva freddo, così accese il **riscaldamento**. La giornata era piovosa e la strada era buia, **sembrava** un serpente nero. Accese i **fari** della macchina per vedere meglio.

Chiara non sapeva cosa avrebbe trovato al castello. Voleva conoscere il signor Harrison, vedere i quadri messi all'asta e i vecchi mobili, ma la sua missione era quella di scoprire se l'uomo fosse davvero in pericolo. E se davvero la sua vita fosse in pericolo?! Avrebbe potuto fare qualcosa per aiutarlo?

Nella fondina aveva la pistola **per ogni evenienza**, e anche un telefono cellulare per parlare con il suo capo. Accese il dispositivo e chiamò il commissario capo Volpi.

Dall'altra parte, Volpi rispose immediatamente alla chiamata:

–Galassi, dove si trova?

L'ispettrice attivò il **vivavoce** per poter parlare mentre guidava. Non voleva distrarsi e avere un incidente.

–Galassi! –gridò il suo capo.

–Capo, mi scusi, stavo mettendo il vivavoce.

–Grazie al cielo!

–Va tutto bene. Sono per strada verso il castello. Non sono ancora arrivata.

–Sta percorrendo la stradina sterrata?

–Sì, **mi sto addentrando nel bosco**. Non vedo niente e la strada è in pessime condizioni. La mia macchina fa dei rumori strani.

–Senta, Galassi. Faccia attenzione. Non riagganci il telefono, ho bisogno di sapere tutto: quello che succede per la strada e anche nel castello. Ha **abbastanza batteria**?

–Sì, il mio telefono è carico al 100%.

–Perfetto.

Il capo era particolarmente nervoso oppure se lo stava immaginando? L'ispettrice proseguì sulla stradina sterrata e alla fine vide il castello in lontananza, nella nebbia. Sentì un **brivido** alla schiena.

–Capo, vedo il castello.

–Quanto tempo prima di...?

Prima di rispondere, Chiara vide qualcosa in lontananza.

–Capo? Vedo qualcosa. C'è una macchina della polizia, **parcheggiata** vicino all'entrata.

–Questo mi sembra importante, Galassi. È una delle nostre?

–Non ci sono dubbi.

–Presto! Spero che non sia troppo tardi.

L'ispettrice spense i fari. Si avvicinò lentamente con la sua macchina, scese dall'auto e senza fare rumore si diresse verso l'altro veicolo.

–Ispettrice! Mi parli. Che succede?

–È strano –disse Chiara.

–Che cos'è strano? È già dentro il castello? –chiese il capo.

–No, sono fuori. Questo è strano: le portiere della vettura sono aperte. È l'auto dell'agente Rocco Gagliano. Il suo distintivo è sul sedile. Ha lasciato tutto aperto, capo, ma lui non c'è.

–Gagliano? –chiese Volpi al telefono. –Quel tipo non mi piace. Sarà nel castello, Galassi. Si sbrighi!

–Oggi è il mio giorno fortunato –disse Chiara, impugnando l'arma.

L'ispettrice Galassi sapeva chi era Gagliano. Era un agente che aveva iniziato a lavorare con loro da poco. Non lo conosceva bene, però se lo ricordava biondo e alto come un **palo del telefono**.

–Capo, la porta è aperta. Sto entrando –**sussurrò**.

L'ispettrice avanzò con una torcia accesa per vedere meglio e la pistola in pugno. **A prima vista**, non notò niente di strano. Guardò i dipinti sulle pareti: **ritratti** di donne in abiti antichi, uomini con la barba bianca e paesaggi. I dipinti erano bellissimi.

All'improvviso, Chiara scivolò su qualcosa e cadde a terra.

–Questo cos'è? –disse spalancando gli occhi.

–Che succede, Galassi? –chiese il capo al telefono. Il telefono di Chiara era ancora in vivavoce.

–Un piccolo incidente, capo. Il pavimento è **macchiato** di qualcosa. Adesso lo illumino con la torcia.

La giovane avvicinò la torcia al pavimento di legno e vide qualcosa di rosso. Sangue?

–Capo, è solo olio.

–Gagliano dov'è? Non è lì?

–Non vedo nessuno.

–Salga le scale, Galassi... però senza pistola!

–Come? Perché? Perché senza pistola? –chiese l'ispettrice. –Sono nel mezzo di una missione!

–Obbedisca agli ordini! Non voglio problemi con il signor Harrison.

Nonostante gli ordini ricevuti, Chiara afferrò la pistola e la torcia e salì le scale. Il posto era davvero grande e Harrison viveva lì da solo. Chiara arrivò al secondo piano. Si vedeva una luce in una delle stanze e sentì delle voci.

–Sento delle voci, capo. Spengo la torcia –disse. –È successo qualcosa di brutto.

–Non metta giù –ordinò Volpi.

Improvvisamente, l'ispettrice entrò nella stanza illuminata e vide qualcosa di sorprendente. Al centro della stanza, Cedric Harrison **era legato** a una sedia ed era come addormentato.

Chiara sentì un colpo alla testa.

–Non ti muovere –le ordinò qualcuno.

Chiara si portò le mani alla testa. Alzò gli occhi. Davanti a lei c'era l'agente Rocco Gagliano che le puntava la pistola contro.

–Ora farai esattamente quello che ti dico.

Annesso al capitolo 2

Riassunto

Chiara va da sola al castello e trova una macchina della polizia all'ingresso. La vettura è quella di Rocco Gagliano, un collega di lavoro. Chiara entra nel castello e scivola su una macchia d'olio. Il suo capo le dice al telefono di salire al piano di sopra senza pistola. Chiara sale le scale, però con la pistola. L'ispettrice entra in una stanza e trova il signor Harrison legato a una sedia. Rocco la colpisce alla testa e le punta contro la pistola.

Vocabolario

guidare to drive

buche holes

neanche un'anima viva not a living soul

riscaldamento heating

sembrare to look like (something)

fari headlights

per ogni evenienza for all eventualities

vivavoce speakerphone

Va tutto bene. Everything is OK.

sono per strada I am on my way

addentrarsi nel bosco to get into the wood

avere abbastanza batteria to have enough charge

brivido shiver

parcheggiato parked

palo del telefono telephone pole

a prima vista at first glance

ritratti portraits

all'improvviso suddenly

macchiato stained

essere legato to be tied

Domande a risposta multipla

6) Chiara porta un'arma ___
   a. perché è obbligatorio.
   b. perché glielo ha consigliato il suo capo.
   c. perché sa che ne avrà bisogno.
   d. per precauzione.

7) Quando Chiara si avvicina all'auto della polizia, perché dice che c'è qualcosa di strano?
   a. Perché i fari sono accesi.
   b. Perché l'auto è dentro il castello.
   c. Perché le portiere sono aperte.
   d. Perché non c'è nessuna identificazione.

8) Rocco Gagliano ___
   a. è molto alto.
   b. lavora con Chiara da molti anni.
   c. ha i capelli neri.
   d. è un buon amico di Chiara.

9) Chiara chi vede per primo quando entra nella stanza illuminata?
   a. Cedric Harrison
   b. Rocco Gagliano
   c. Volpi
   d. nessuna delle persone sopra

10) Chi colpisce Chiara alla testa quando entra nella stanza?
   a. Cedric Harrison
   b. Rocco Gagliano
   c. Volpi
   d. nessuna delle persone sopra

Capitolo 3 — Il traditore

Chiara Galassi era **stordita**. Qualcuno aveva spento
la luce nella stanza. Il piano superiore del castello era
al buio, illuminato solo dalla luna. Il riflesso della luna
entrava dalle finestre. La giovane non sapeva dove si
trovasse. Poi ricordò tutto: il povero signor Harrison
era legato alla sedia. Il poliziotto traditore, Gagliano,
era di fronte a lei. Doveva avvisare immediatamente il
suo capo. La sua pistola era lontana e le avevano legato
i piedi. Dov'era il suo telefono cellulare?

–Rocco, che stai facendo? –chiese.

–**Non pensarci nemmeno a** muovere le mani. Il
vecchio morirà, e anche tu.

–Sei impazzito? Cosa vuoi? I suoi soldi?

–Forse. Quando lo troveranno, la polizia penserà che
sei una **ladra**.

–Io non gli farò del male.

–Non ti preoccupare. La polizia ti troverà una pistola
in mano. È tutto molto **semplice**.

"Continua a parlare" pensò lei, mentre cercava il suo
cellulare. Il signor Harrison era come addormentato. "Il
vivavoce è ancora attivato. Il mio capo sa dove sono".

La giovane ispettrice guardò il signor Harrison e provò
a svegliarlo. Era vivo. Il cellulare era per terra tra i piedi
di Harrison.

–Prima morirà Harrison, poi tu –disse l'agente Gagliano. –La pistola sarà nella tua mano. Tutti penseranno che l'abbia fatto tu.

"Molto bene, continua a parlare", pensò Chiara. Il telefono era in vivavoce.

–Il signor Harrison **sospettava** di un poliziotto –disse Chiara.

–Sì, però i giornali diranno che sei tu l'assassina.

–E dove andrai con i soldi e i quadri?

–Non voglio soldi, non voglio nessun quadro antico. Questa è una questione personale. Il signor Harrison sa troppo.

–Il signor Harrison è innocente. Lui vuole solo aiutare la città.

Dov'era Volpi? Chiara guardò l'orologio sul telefono. Non c'era ancora traccia del suo capo. L'ispettrice pensò: "Perché non arriva se sta ascoltando tutto?".

Chiara sentì dei rumori fuori dal castello. Una macchina! Era il suo capo. Anche Gagliano aveva sentito dei rumori e afferrò la pistola.

Qualcuno aprì la porta. L'ispettrice sorrise: era Volpi.

Volpi **impugnò** la sua pistola e la puntò contro... Chiara!

–Come sarebbe?! –disse la giovane spalancando gli occhi.

–Gagliano, tutto bene? –chiese Volpi.

–Tutto secondo i piani –rispose il poliziotto. –Possiamo farlo subito.

"Sono **perduta**", pensò Chiara. Adesso tutto **aveva un senso**. Il capo **era invischiato** con lui! Poi, la ragazza vide il proprietario del castello muovere gli occhi come per comunicarle qualcosa.

–Andrà tutto bene –gli disse lei. Però Harrison continuava a indicare con gli occhi una **leva** sul pavimento. –Vuole dirmi qualcosa?
–Sss! Silenzio, voi due! –urlò Volpi, puntando la sua pistola contro Harrison.
–Signorina, la leva! –gridò Harrison.

Chiara capì. **Allungò** il braccio e tirò la leva. Così si aprì una **trappola** sul pavimento del castello. Gagliano e Volpi caddero in una **botola** che comunicava con una stanza al piano inferiore. Se non fosse stato per il fatto che, proprio sotto la botola, c'era un vecchio materasso per **attutire la caduta**, i due si sarebbero feriti gravemente.
–AHHH!

L'ispettrice si liberò e poi liberò anche Harrison.
–Signor Harrison, credo di **aver catturato** i farabutti! –disse. Poi puntando la torcia su di loro, gridò: –Siete in arresto! I due uomini erano furiosi. L'espressione del capo era cambiata completamente. Sapeva che il suo piano era fallito.

Harrison mostrò all'ispettrice come accedere alla stanza segreta al piano di sotto e, da lì, l'ispettrice fece uscire il capo e Gagliano, li **ammanettò** e li fece salire in macchina.

–L'asta era per **raccogliere** fondi destinati alla lotta contro la corruzione –disse Harrison, in piedi di fianco alla giovane. –Grazie a lei, questo male all'interno delle forze dell'ordine della città è stato eliminato.

Giorni dopo, Chiara visitò Harrison al castello. L'uomo le offrì un tè al limone:

–Grazie, agente Galassi.

–Di niente, signor Harrison. Adesso sono sostituto commissario.

–Congratulazioni! Desidero regalarle qualcosa per la sua promozione.

–Non è necessario...

–Quel quadro –disse, indicandolo con il dito.

Era un ritratto di Giovanna D'Arco.

–È bellissimo! Grazie davvero.

–**Lei mi ricorda** un po' la Pulzella d'Orléans, non le pare?

–Forse lei era un po' più alta.

I due risero felici e sorseggiarono il tè.

Annesso al capitolo 3

Riassunto

Rocco dice a Chiara che ucciderà il signor Harrison e poi ucciderà lei; i giornali diranno che l'assassina è Chiara. Il commissario capo Volpi arriva al castello. Chiara scopre che Volpi e Gagliano sono in combutta. Chiara tira una leva e Volpi e Gagliano cadono in una botola. Poi li arresta. Harrison dice a Chiara che lo scopo dell'asta era di raccogliere fondi per la lotta alla corruzione. Dopo qualche giorno Chiara va a trovare il signor Harrison e lui le regala un dipinto.

Vocabolario

stordito dazed
Non pensarci nemmeno a Don't even think of
ladra thief
semplice simple
sospettare to suspect
impugnare to grab
perduto lost
avere un senso to make sense
essere invischiato to be embroiled in (something)
leva lever
allungare to stretch
trappola trap
botola trap door
attutire la caduta to cushion the fall
aver catturato to have captured (somebody)
ammanettare to handcuff
raccogliere to collect
lei mi ricorda you remind me of

Domande a risposta multipla

11) Cosa dice Rocco a Chiara?
    a. che morirà
    b. che è una ladra
    c. che è un'assassina
    d. che è una bugiarda

12) Mentre Rocco parla, Chiara pensa che ___
    a. Volpi sta ascoltando e verrà a salvarla.
    b. Rocco è innocente.
    c. Volpi è un traditore.
    d. il signore Harrison è un assassino.

13) Quando Volpi entra nella stanza, punta la pistola contro ___
    a. il signor Harrison.
    b. Rocco.
    c. Chiara.
    d. nessuna delle persone sopra.

14) A che cosa serviva la leva?
    a. per aprire una botola sul pavimento
    b. per chiudere la porta
    c. per aprire la porta
    d. per attivare una trappola sul tetto

15) L'asta al castello era per ___
    a. aiutare Chiara economicamente.
    b. lottare contro la corruzione.
    c. restaurare il castello.
    d. raccogliere fondi per i poveri.

Il cuoco

Capitolo 1 — Arance

Questa è una storia tramandata da generazioni. È la storia di come un povero venditore di arance è **diventato** un grande cuoco dell'Arabia. Il suo nome era Dubán.

Dubán viveva nella città di Aden e aveva 12 anni. Fin da bambino aveva sempre lavorato, non era mai stato a scuola in vita sua. La sua famiglia non aveva soldi e la loro casa era molto piccola.

Al lato della sua casa scorreva un **ruscello** con acqua limpida come il cristallo. Sua madre preparava delle **torte** al **miele**, che poi lui vendeva al porto di Aden, ai mercanti.

A Dubán piaceva osservare sua madre mentre cucinava. A volte l'aiutava e così imparava cose nuove. Sua madre usava **datteri**, miele, noci e tanti altri ingredienti. Nel giardino di casa sua c'erano degli aranci. Dubán portava con sé al porto delle arance da mangiare a fine giornata, quando aveva un po' di tempo libero.

Come tutti i bambini, Dubán sognava tante cose. Voleva vedere il mondo, ma soprattutto voleva lavorare come cuoco su una nave, o in un palazzo di lusso pieno di **arazzi** bellissimi. Però la sua famiglia era povera e lui doveva vendere le torte di sua madre al porto per vivere.

Da Dubán andavano a comprare mercanti di tutto il mondo: venivano da Baghdad e Bassora, dall'India, dalla Spagna e dall'Africa. Il ragazzo guardava le navi e sognava. A volte si avvicinava a loro per chiedere un lavoro come cuoco, ma gli rispondevano sempre che era solo un ragazzo.

–Non è giusto! –borbottava mentre tornava a vendere le torte.

Dubán si arrabbiava per questo. Non capiva perché, pur sapendo cucinare, non poteva lavorare come cuoco. Era giovane, ma sapeva fare tante cose.

Allora si rimetteva a vendere dolci al miele. Ai commercianti piacevano molto le sue torte **dolci**. A volte gli davano una moneta in più di **mancia**. Quando la giornata di lavoro terminava, il ragazzo andava in spiaggia a mangiare le sue arance. A volte quello era il suo unico pasto della giornata.

Un pomeriggio mentre si stava riposando, si imbatté in un povero sulla spiaggia. Dubán stava mangiando le arance e l'uomo lo salutò con un **inchino**:

–Buona sera, signore!

–Signore? –rise Dubán. –Sono solo un bambino.

–Quelle arance le vendi? –disse il **mendicante**.

–Vendo torte, però le ho finite. Le ho vendute tutte. Questa è la mia cena –disse il bambino **mordendo** un'arancia.

L'uomo vide che Dubán aveva due arance, allora gli disse:

–Puoi vendermi un'arancia?

–Certo! –rispose contento, pensando di aver fatto un'altra vendita. –Ecco qui, un'arancia. Spero che le piaccia.

L'uomo guardò il frutto con l'acquolina in bocca e disse:

–C'è un problema.

–Quale? –chiese Dubán **sollevando** le sopracciglia.

–Non ho soldi, ma se mi dai questa arancia, prometto di ripagarti molte volte il suo valore un giorno.

Dubán all'inizio si arrabbiò, ma poi provò compassione per l'uomo.

–Non si preoccupi, buon uomo, è sua. Anch'io sono povero, però lei ha più fame di me.

Il pover'uomo fu molto contento, prese l'arancia, tirò fuori un coltello e la **pelò**. Dubán se ne andò camminando sulla spiaggia.

Alcuni mesi dopo, Dubán era al porto quando sentì qualcuno che lo chiamava.

–Ehi, **ragazzo**! Tu, quello delle torte!

Dubán si voltò e vide un mercante vestito elegantemente.

–Io? –chiese Dubán, impaurito.

–Proprio tu, ragazzo! –rispose il mercante, che si chiamava Ahmed. –Come vanno le vendite? Quanto costa una torta?

Dubán prese una torta dal cesto e gliela diede.

–Una moneta di rame.

Il ragazzo si vergognava davanti a quel ricco mercante, però lui gli **strinse la mano** e disse:

–Dimmi, ragazzo, le prepari tu queste torte?

–Sì, mi ha insegnato mia madre.

–Ascolta, io sono un grande mercante, ho un palazzo a Baghdad e una casa in Egitto.

–Io non ho mai visitato Baghdad –disse Dubán.

–I tuoi genitori vivono da queste parti?

–Mia madre è morta in primavera. Mio padre, non lo so dov'è.

Era la fine di settembre e **l'estate stava finendo**.

–Cosa farai oggi dopo aver venduto le torte? –chiese Ahmed.

–Vado a casa a riposarmi, e domani rifarò lo stesso, verrò al porto. E così il giorno dopo. Probabilmente farò questo per tutta la vita.

–Ti piace cucinare?

–Io amo cucinare, signore! So cucinare tante cose.

Ahmed era con alcuni amici e parlò loro in un'altra lingua. Dubán non capiva niente di quello che dicevano, ma gli uomini lo guardavano incuriositi.

–Dubán, ho una proposta da farti. –disse Ahmed.

–Una proposta?

–Sì. La tua torta mi piace. Voglio che tu venga a casa mia a lavorare per me. Sarà come far parte della famiglia.

–Potrò lavorare come cuoco?

Dubán **saltò dalla gioia**.

–Sì. Ho una casa con cuochi che vengono da tutto il mondo. Da loro imparerai i segreti della buona cucina. Accetti?

–Certo che accetto!

–Vieni domani in questo stesso posto e ci imbarcheremo sulla mia nave.

–Grazie, signore –disse il ragazzo facendo un inchino.

Dubán salutò e tornò a casa dalla spiaggia. Era molto contento però aveva anche un po' di paura.

E se fosse solo una **bugia**?

Annesso al capitolo 1

Riassunto

Dubán è un bambino povero di dodici anni che vive nella città di Aden. Ha sempre sognato di fare il cuoco. Il bambino vende le torte della madre al porto. A volte cucina con lei per imparare a cucinare. Un giorno, mentre mangia delle arance, incontra un uomo povero che gliene chiede una. Anche se l'uomo non ha i soldi per pagare l'arancia, Dubán gliela dà lo stesso. Qualche mese dopo, Ahmed, un grande mercante, offre a Dubán un lavoro come cuoco.

Vocabolario

diventare to become
ruscello stream
torte cakes
miele honey
datteri dates
arazzi tapestries
dolce sweet (taste)
mancia tip
inchino bow
mendicante beggar
mordere to bite
sollevare to raise
pelare to peel
ragazzo boy
stringere la mano to shake hands
l'estate stava finendo summer was ending
saltare dalla gioia to jump with joy
bugia lie

Domande a risposta multipla

1) Quando Dubán aveva 12 anni viveva con la madre ___
   a. in un palazzo.
   b. su una nave.
   c. in una piccola casa.
   d. al porto.

2) Qual era il sogno più grande di Dubán?
   a. viaggiare per il mondo
   b. possedere una nave
   c. vivere in un palazzo
   d. fare il cuoco su una nave o in un palazzo

3) Perché Dubán non veniva preso quando chiedeva di lavorare?
   a. Perché non sapeva cucinare.
   b. Perché non aveva esperienza.
   c. Perché era troppo giovane.
   d. Perché preferivano le torte di sua madre.

4) Quando l'uomo povero gli dice che non ha soldi, ___
   a. Dubán si arrabbia e se ne va.
   b. Dubán gli dà l'arancia.
   c. l'uomo afferra un coltello e gli porta via l'arancia.
   d. Dubán si mangia l'arancia.

5) Dubán ha paura dopo la proposta del mercante perché ___
   a. non sa se c'è da fidarsi.
   b. ha paura dei viaggi in nave.
   c. non vuole lavorare con altri cuochi.
   d. non vuole vivere lontano dalla sua famiglia.

Capitolo 2 — La cucina

Dubán si svegliò il giorno dopo contento per il suo nuovo lavoro. Non avrebbe più venduto cibo al porto di Aden né mangiato arance sulla spiaggia. Avrebbe lavorato come cuoco!

Non era un lavoro sicuro, forse era un bene o forse un male, però Ahmed **sembrava** una brava persona. Inoltre, avrebbe avuto qualcosa di meglio da mangiare.

Prima del sorgere del sole, Dubán andò da suo nonno.
–Buongiorno, figliolo. Oggi vai presto a lavorare!
–Nonno, devo dirti una cosa.
–È successo qualcosa? È importante?
–Sì, per me è molto importante.
Il nonno mise giù quello che stava facendo e guardò suo nipote.
–Dimmi, figliolo. **Di che si tratta?**
–Me ne vado da Aden, non so quando tornerò. Lavorerò come cuoco.
–Come cuoco? Davvero?!

Il ragazzo raccontò al nonno dell'incontro al porto. Lo abbracciò e gli disse addio.
–Mi dispiace, nonno! Devo andare!
–Fa' il bravo, figlio mio. Torna presto! –disse il nonno con le **lacrime** agli occhi.

Prima di andar via, Dubán guardò l'arancio in giardino: c'erano delle arance sui rami. Sorrise. Prese **le sue cose** e se ne andò.

Per strada il sole splendeva e la temperatura era piacevole. Non aveva con sé molte cose e camminava **svelto**. Per strada incontrò tanta gente diversa e **animali da soma** come **cammelli**, cavalli, elefanti, e anche alcune carrozze.

Lungo il cammino, incontrò un uomo che camminava con una gamba sola, appoggiato a una **stampella**, e che andava nella sua stessa direzione. Lo **zoppo** gli **fece un cenno** e iniziò una conversazione.

–Dimmi, è una buona giornata per te?
–Davvero bella! –rispose Dubán.
–E perché? Per caso sei innamorato?
–No, non è quello! Ho solo 13 anni.
–Lasciami indovinare...
Lo zoppo rifletté per qualche secondo.
–Beh, non si tratta di una donna –chiarì il ragazzino.
–Ecco, adesso lo so! –disse lo zoppo alzando gli occhi.
Dubán sorrise e disse:
–Lo sa? Lei è per caso un **indovino**?
–Hai un lavoro.
–Proprio così! –disse Dubán sorpreso.
–Un lavoro è un tesoro. E di che lavoro si tratta? A proposito, mi chiamo Omar.
–Farò il cuoco nella casa di un ricco mercante. Si chiama Ahmed. Sono stato molto fortunato a incontrarlo. Oggi è il mio primo giorno.

Arrivarono a un **incrocio** e si fermarono lì. Prima di salutarsi, Omar gli disse:

–Sai una cosa? Anch'io sono stato un cuoco.

–Anche lei?

–Proprio così. È un lavoro duro, però bello. Un consiglio: fai attenzione allo chef di cucina. Non deve mai vederti mangiare niente mentre lavori.

E, detto questo, aggiunse: –**Buona fortuna**.

–Grazie. Mi ricorderò del suo consiglio.

Dubán lo salutò e prese un'altra **direzione**.

Alla fine di quella strada Ahmed lo stava aspettando con i suoi **compagni**.

–Dubán! Sono qui! Sono contento che tu sia venuto!

Entrambi si salutarono e iniziarono il viaggio. Per una settimana, Dubán lavorò sulla nave lavando il pavimento e pelando arance. Durante il viaggio Dubán guardava il mare e si sentiva felice. Finalmente, una mattina, arrivarono a destinazione. Scesero dalla nave e poco dopo raggiunsero il palazzo di Ahmed.

–Benvenuto a casa mia –disse Ahmed. –Comincerai oggi stesso.

Dubán guardò la **facciata** del palazzo e rimase incantato. Era del colore della **sabbia** della spiaggia, con eleganti toni rossi. L'ingresso era ampio e **lussuoso**. C'era un custode a dare il benvenuto al mercante. Ahmed entrò con un gruppo di altre persone. Per ultimo entrò Dubán con le sue cose in mano.

Il custode lo salutò con un inchino. Dentro fecero la conoscenza della sposa di Ahmed.

–Benvenuto, mio caro marito! –disse la moglie. –E chi è il giovane che ti accompagna?

–Ti presento Dubán. Lavorerà in cucina.

–Molto piacere, signora –disse il giovane con un inchino.

Un aiutante **condusse** Dubán in cucina e gli spiegò quello che c'era da sapere.

Lì c'erano altri venti cuochi e uno **chef di cucina**. Stavano tutti lavorando e preparando la cena. Quando videro entrare Dubán, i cuochi si voltarono e lo guardarono incuriositi.

–Come vedi, è un posto molto grande –disse l'aiutante. –Tutti i giorni prepariamo piatti di tutto il mondo per una cinquantina di persone. Prepariamo piatti indiani, egiziani e delle terre al di là del Nilo e dell'Eufrate. Io creo il menu.

–Mi piace, –disse Dubán con meraviglia, guardando da tutte le parti– è molto elegante.

–Ora mettiamoci al lavoro. Comincia lì –disse, indicando con un dito **un bel po' di** arance.

–Io pensavo che avrei imparato a cucinare… **–rispose** Dubán un po' triste.

L'altro uomo rise.

–Forse tra un anno, devi prima **sbucciare** le arance.

Dubán sbucciò arance per tutto il giorno. Il giorno dopo, ne sbucciò ancora. In quei mesi imparò ben poco. Era un po' confuso, ma pensava che col tempo gli sarebbero state affidate più responsabilità e sarebbe diventato un grande cuoco.

Le sue mani diventarono dure, le sue dita dolevano. Quando andava a letto era sempre molto stanco.

Una sera, un altro cuoco si presentò personalmente a Dubán.

–Mi chiamo Amir. Non essere triste. Anch'io ho dovuto pelare tantissime arance all'inizio. Con il tempo imparerai a cucinare, a servire e a fare molte altre cose.

–Sì, quello è il mio sogno. Non ho mai lavorato come cuoco.

–Non ti preoccupare. Se avrai pazienza, andrà tutto bene. **Ti troverai bene** qui.

–Grazie, Amir.

–Ricordati questo: **se le cose per cui vale la pena lottare fossero facili, chiunque potrebbe farle.**

Dubán era confuso. Prima mangiava solo arance ma era libero, ora aveva davanti a sé una montagna di arance, ma **era rinchiuso**.

Però se avesse rinunciato ora, non sarebbe mai diventato un cuoco. Era la sua occasione.

Cos'era più importante? Il suo sogno di diventare un cuoco o essere libero e povero?

Annesso al capitolo 2

Riassunto

Dubán dice addio a suo nonno e si dirige al porto. Per strada incontra uno zoppo che gli augura buona fortuna. Una volta imbarcato, Dubán si gode il viaggio in nave. Quando arrivano al palazzo, il ragazzo è contento. Gli sembra il lavoro dei suoi sogni, però la realtà è che si tratta di un lavoro molto duro: Dubán deve pelare tantissime arance. Amir, un altro cuoco, gli dice che deve avere pazienza.

Vocabolario

sembrare to seem to be

Di che si tratta? What is it?

lacrime tears

le sue cose his stuff

svelto fast

animali da soma pack animals

cammelli camels

stampella crutch

zoppo lame person

fare un cenno to gesture

Lasciami indovinare... Let me guess...

indovino fortune teller

incrocio crossroads

buona fortuna good luck

direzione direction

compagni companions

facciata facade

sabbia sand

lussuoso luxurious

condurre to lead

chef di cucina chef

come vedi as you can see

un bel po' di lots of

rispondere to answer

sbucciare to peel

trovarsi bene to do well

Se le cose per cui vale la pena lottare fossero facili, chiunque potrebbe farle. If the things worth fighting for were easy, anybody could do them.

essere rinchiuso to be shut in

Domande a risposta multipla

6) Prima di andarsene da Aden, Dubán dice addio ___

    a. a suo nonno.

    b. a sua madre.

    c. ad Ahmed.

    d. a suo padre.

7) Omar ha ___

    a. un occhio solo.

    b. un piede solo.

    c. un braccio solo.

    d. una mano sola.

8) All'inizio, Omar pensava che Dubán fosse contento per aver trovato ___

    a. un lavoro.

    b. suo padre.

    c. l'amore.

    d. le torte.

9) Qual è il consiglio che Omar dà a Dubán?
   a. non assaggiare niente quando si lavora
   b. lavorare duramente
   c. ascoltare sempre lo chef di cucina
   d. pulire sempre la cucina

10) Durante il viaggio, Dubán si sente ___
   a. felice.
   b. spaventato.
   c. nervoso.
   d. malato.

Capitolo 3 — L'amministratore

Passarono molti anni da quando Dubán aveva iniziato a lavorare nel palazzo di Ahmed. Alcune cose erano cambiate **da allora**.

Adesso non sbucciava più montagne di arance. A poco a poco si era fatto strada in cucina. Ora preparava i pasti migliori per gli ospiti del suo padrone.

Il suo migliore amico, Amir, lo aveva visto lavorare sodo fino a diventare il cuoco preferito di Ahmed. A volte il mercante lo chiamava per parlare con lui personalmente.

–Dubán, –gli disse una di quelle volte –sono molto contento del tuo lavoro e dei piatti che prepari.

–Grazie, signore –gli rispose Dubán, che ora aveva 18 anni. Adesso era un uomo alto e bello, anche se non aveva ancora moglie. –Grazie a lei **ho realizzato** il mio sogno di diventare cuoco, ma mi manca ancora qualcosa.

–Abbi pazienza! –disse Ahmed sorridendo. –Le cose arrivano al momento giusto.

Ahmed non chiese che cosa volesse il giovane Dubán.

–Che succede amico? –gli chiese Amir poco dopo, vedendolo molto triste.

–Non succede niente, purtroppo!

–Non sei contento del tuo lavoro come cuoco?

–Sì che lo sono, però **mi manca** la mia città, e soprattutto vorrei poter preparare **dei piatti miei**, quelli che mi insegnò mia madre. Ma qui non posso fare nulla di tutto ciò. Devo obbedire agli ordini dello chef di cucina. E tu sai che lui non è affatto carino con me.

–Lui non è carino con nessuno.

–Lo so, però io continuo a ricevere sempre la stessa **paga** da anni, anche se adesso cucino meglio di tutti.

Un giorno, Ahmed lo **mandò** di nuovo **a chiamare**. Dubán lasciò gli alloggi della servitù ed entrò in un grande salone. Il suo padrone era seduto su un sofà. Aveva un'espressione seria.

–Che succede? –chiese Dubán facendo un inchino.

–La mia sposa è morta, –disse Ahmed –io sono molto **addolorato**. Ecco perché lascerò questa casa, perché il suo **ricordo** vive qui. Viaggerò per qualche anno. Forse **mi sistemerò** in una delle mie case in un'altra parte del mondo.

Dubán era molto triste di dover dire addio al suo benefattore. Adesso sarebbe rimasto senza protezione.

Lo chef di cucina **si sarebbe comportato** molto **duramente** con lui, appena il suo protettore se ne fosse andato, però Dubán continuò a lavorare con un obiettivo preciso in mente: un giorno avrebbe avuto la sua squadra di cuochi e sarebbe stato famoso in tutto il mondo per i piatti squisiti che cucinava.

Passarono altri quindici anni. Un bel giorno ricevette la notizia che Ahmed era nel porto di Aden e che voleva vederlo. Dubán era felicissimo; fece le valigie e si unì a una carovana che lo avrebbe portato nella sua città.

Quando arrivò rivide il suo padrone. Il vecchio signore salutò Dubán con il suo accento caratteristico.

–Sono felice di vederti, Dubán! Non **invecchi**!

–Buongiorno, Ahmed. Sono molto contento di vederla. Sì che invecchio, credo di avere già qualche capello **bianco**.

–Vieni, seguimi –disse Ahmed, e si misero a camminare sulla spiaggia. –Voglio che tu veda il mio nuovo palazzo. Desidero che tu conosca la mia nuova sposa.

–Questo è strano –disse il giovane.

–Che cosa è strano? –si voltò Ahmed sollevando le sopracciglia.

–Camminare su questa spiaggia, in questa città, mi riempie di ricordi. C'è un ricordo in particolare che **spicca** come la **luna piena** tra le stelle. Tanto tempo fa, quando vendevo torte al porto, incontrai un povero che voleva un'arancia da mangiare. Io avevo solo due arance e gliene regalai una.

Poi, arrivarono davanti a un magnifico palazzo.

–Entra figliolo –disse Ahmed, lo abbracciò e gli mise un anello al dito. –Questa è la mia casa, tu sarai il mio amministratore. Amministrerai tutti i miei beni. E quando vorrai, potrai sempre cucinare.

Dubán **era sul punto di** piangere.

–Non so che dire.

–Dubán, volevo darti una **ricompensa**. Sei stato un gran lavoratore per molti anni. A volte hai lavorato in condizioni molto dure. Però ti ho fatto il miglior regalo: ti ho insegnato il valore del sacrificio e della disciplina.

– Non so come ringraziarla di tutto questo. Amico, Ahmed, perché lei è tanto generoso con me?

–Dubán, guardami bene, –disse **fissandolo** –io sono quel povero a cui donasti un'arancia tanti anni fa.

Annesso al capitolo 3

Riassunto

Molti anni dopo, Dubán diventa il cuoco preferito di Ahmed. Però gli manca la sua città e vorrebbe cucinare i piatti di sua madre ma non può. Ahmed se ne va dal palazzo quando muore sua moglie. Dubán continua a lavorare nel palazzo. Anni dopo, Ahmed lo invita a vivere con lui ad Aden. Sarà il suo amministratore, ma potrà cucinare quando lo vorrà. Dubán scopre che Ahmed è il povero al quale aveva dato un'arancia al porto di Aden quando era bambino.

Vocabolario

Passarono molti anni... Many years went by...
da allora since then
realizzare to realise (*Am. Eng.* to realize)
mi manca I miss
dei piatti miei some dishes of my creation
paga pay
mandare a chiamare to send for
addolorato grieved
ricordo memory
sistemarsi to settle down
comportarsi to behave
duramente harshly
invecchiare to get old
bianco white
spiccare to stand out
luna piena full moon
essere sul punto di to be about to
ricompensa reward
fissare to stare at

Domande a risposta multipla

11) Chi era il cuoco preferito di Ahmed?
   a. lo chef di cucina
   b. Dubán
   c. Amir
   d. la sua sposa

12) A 18 anni, Dubán ___
   a. era un uomo magro e basso.
   b. aveva moglie e figli.
   c. era alto e grosso.
   d. era alto e attraente.

13) Quando Ahmed gli dice che è contento del suo lavoro, Dubán gli risponde che ___
   a. lui non è contento.
   b. vuole cucinare i piatti di sua madre.
   c. vuole tornare ad Aden.
   d. gli manca qualcosa.

14) Perché Dubán non è felice dopo essere diventato un cuoco di palazzo?
   a. Perché non vuole vivere in un palazzo.
   b. Perché non gli piacciono i suoi colleghi di lavoro.
   c. Perché il mercante non lo paga.
   d. Perché vuole cucinare i piatti di sua madre.

15) Alla fine, Ahmed rivela a Dubán che lui era ___
   a. il padre di Dubán.
   b. l'uomo zoppo.
   c. il povero dell'arancia.
   d. il miglior amico di Dubán.

Robot

Capitolo 1 — Il grande giorno

Nel XXII secolo gli **esseri umani** hanno raggiunto grandi conoscenze e progressi tecnologici, ma sono indietro nel pensiero filosofico. Per le strade, nel cielo e sottoterra si utilizzano nuove invenzioni e strumenti stupefacenti.

I robot, le macchine più sofisticate, svolgono molti compiti al posto delle persone: cucinano, lavano i vestiti, costruiscono case, **pilotano aerei**, curano malattie e si occupano di anziani e bambini.

Questa è la storia di Aristotele, un robot creato nel XXII secolo.

In un laboratorio di Houston, in Texas, scienziati di diversi Paesi lavoravano alla progettazione di un piccolo robot. Il progetto era iniziato dieci anni prima ed era **quasi pronto**. La scienziata più importante, e direttrice del progetto, si chiamava Federica Carletti. Federica aveva studiato ingegneria robotica in una università della California. Aveva solo trent'anni ed era la leader del gruppo.

Il progetto era ben conosciuto nel mondo. La stampa specializzata scriveva **spesso** sul progetto "Aristotele". Si trattava di un robot progettato per un compito molto speciale: rendere felici le persone. I giornalisti aspettavano con impazienza il giorno della sua presentazione ai media. Alcuni di loro erano scettici. Pensavano che il progetto non avesse molte possibilità di successo.

Una mattina Federica entrò nella sala riunioni del laboratorio.

–Buongiorno a tutti –salutò con un gran sorriso.

–Buongiorno, Federica. Come stai? –chiese Sebastiano, un uomo **colto** che lavorava al progetto Aristotele.

–Bene, però ho un po' di mal di testa. Ho passato tutta la notte a lavorare.

–Non ti preoccupare. Andrà tutto bene. Tu lo sai che puoi contare su di me. Ieri, oggi e sempre.

Era l'ultimo giorno di lavoro al progetto. Quello stesso lunedì mattina avrebbero presentato la versione finale del robot durante una **conferenza stampa**. Dieci anni di lavoro per arrivare a quel giorno.

–Bene! –disse Federica. –Come sta Aristotele?

–Il robot va alla grande, Federica –rispose Sebastiano.

–Non c'è nessun problema? Sei sicuro?

–Ho controllato il suo linguaggio e il suo codice. Tutto **sembra** essere a posto. Con lui renderemo felice l'umanità, inclusa la dottoressa Federica Carletti –disse Sebastiano sorridendo.

–**Fantastico**!

Federica voleva che andasse tutto bene. I suoi superiori si aspettavano un robot perfetto, un robot dall'**apparenza** umana. Grazie alla sua programmazione avanzata, avrebbe potuto rendere felici le persone che l'avevano **in casa**. Tale era l'avanzamento delle conoscenze scientifiche del XXII secolo!

–Vado un attimo al bar –disse Federica. –Presentiamo il robot alle dodici.

–Va bene, –rispose Sebastiano, il suo **fidato** collaboratore –noi continuiamo a lavorare.

Al bar Federica ordinò un espresso, un bicchiere d'acqua e un panino di carne sintetica. Diversi clienti al bar parlavano del robot, in varie lingue:

–Oggi è il giorno della presentazione –diceva un uomo seduto al tavolo accanto al suo. –Filosofia e scienza si fondono insieme nell'invenzione più importante del secolo!

–Io lo vorrei un robot come Aristotele. Davvero potremo essere felici? –chiese una donna.

–Spero di sì! Io ho bisogno di felicità nella mia vita –rispose un uomo anziano con la faccia triste che era seduto allo stesso tavolo.

–**Ma come ci riuscirà?** Come può un robot renderci felici? –insistette la donna.

Federica ascoltava le conversazioni delle persone attorno a lei, e nel frattempo mangiava il suo panino. Sapeva cosa sarebbe successo **se** Aristotele **avesse fallito**: non avrebbero ottenuto altri soldi per progetti futuri. Il suo prestigio professionale ne avrebbe sofferto parecchio e **la sua carriera sarebbe fallita**. La progettazione del robot aveva richiesto molti anni di lavoro e aveva comportato l'**investimento** di milioni di euro-dollari da parte di molte aziende.

Sebastiano entrò nel bar e anche lui ordinò un panino con carne sintetica e un caffè. Il cameriere gli disse:

–La carne sintetica è finita, ma abbiamo dei **bomboloni** alla crema buonissimi.

–Beh –disse lui –allora è meglio se non prendo niente da mangiare. Solo il caffè. Senza zucchero.

–Glielo porto subito –disse il cameriere.

Federica guardò Sebastiano. Si salutarono da lontano. Poi Sebastiano si avvicinò al tavolo di Federica e la fissò attentamente.

–Stai **raccogliendo le forze** per il grande momento? –disse lui.

–Sì, devo mangiar bene e ho bisogno di un caffè. Sono diverse notti che dormo male.

–Anch'io non ho dormito.

–Che cos'è che ti preoccupa?

–E se il robot dovesse dire una stupidaggine davanti alla stampa? –chiese Sebastiano **grattandosi** la fronte. –A volte dice delle **sciocchezze**, ma probabilmente a te non preoccupa la cosa perché tu lo ami molto quel robot.

–Sei geloso? –**scherzò** Federica.

Parlarono per mezz'ora prima di tornare al laboratorio. Gli altri scienziati stavano facendo dei test dell'ultimo minuto su Aristotele. Il robot dall'apparenza umana **rimaneva immobile**, con lo **sguardo fisso**. Federica era ancora assonnata, così bevve un altro caffè mentre leggeva i suoi appunti sullo schermo del computer.

Stanca, Federica fece un giro per il laboratorio e si fermò a guardare Sebastiano. I robot del XXII secolo erano bianchi e duri, con dita sottili, ma Aristotele sembrava un giovane umano. Poi, Federica **si rivolse** al team di tecnici e domandò:

–Come sta Aristotele? Tutto bene?

–Sta bene, però...

–Che succede?

–Magari non è nulla...

–Voglio saperlo comunque.

–Il robot è rimasto **muto** da stamattina. Lui sa che oggi è il grande giorno e **si rifiuta** di parlare.

–Non vuole parlare? Forse sta preparando la sua presentazione per la conferenza stampa.

Uno degli addetti alle pubbliche relazioni entrò nel laboratorio e fissò il robot. Aristotele era seduto all'interno di una stanza a vetri, con gli occhi chiusi.

–La stampa è già qui –li informò l'addetto.

–Mancano ancora due ore alla presentazione –precisò Federica.

–Prima vogliono parlare con te. È arrivato anche il presidente di SmileTech. Sembra ansioso.

La donna **sbuffò**.

–Ok, va bene. Uscirò a parlare con loro.

Anche Sebastiano uscì dal laboratorio, presero l'ascensore e arrivati nella sala riunioni trovarono i giornalisti in attesa.

–Benvenuti a Houston –disse la dottoressa ai giornalisti. –Oggi è un giorno storico per Happy Industries, SmileTech, Glück Corporation, e per tutta l'umanità. Questo giorno sarà ricordato con grande gioia dalle generazioni future.

C'erano meno giornalisti di quanto sperasse, però! Alcuni sorridevano. Molti sembravano scettici. Federica sapeva che erano pronti a sbranarla. Il presidente dell'azienda sembrava nervoso.

Federica si fermò, prese un bicchiere d'acqua e poi continuò:

–Il futuro che vogliamo è già qui. Tra due ore presenteremo Aristotele: l'intelligenza artificiale che ci renderà felici. Abbiamo lavorato a questo progetto per dieci anni, abbiamo studiato tutte le culture del mondo, abbiamo parlato con milioni di persone di tutte le età, abbiamo studiato la storia, abbiamo consultato libri antichi...

Qualcuno entrò correndo nella sala. Era Sebastiano. Federica si interruppe. Il suo collega la raggiunse sul podio e le disse qualcosa all'orecchio:

–Abbiamo un problema.

–Non adesso, Sebastiano! –borbottò lei furiosa.

–Non posso aspettare. Devi venire immediatamente. Subito!

Annesso al capitolo 1

Riassunto

La dottoressa Federica Carletti lavora da molti anni alla progettazione del robot Aristotele. Nel XXII secolo, i robot assistono in molti compiti. Però Aristotele ha un compito speciale: rendere felici le persone. Il giorno della presentazione di Aristotele sorge un problema all'ultimo momento.

Vocabolario

esseri umani human beings
pilotare un aereo to fly a plane
quasi pronto almost ready
spesso often
colto learned
conferenza stampa press conference
sembrare to seem to be
Fantastico! Awesome!
apparenza look
in casa at home
fidato trustworthy
Ma come ci riuscirà? How will he manage it?
se avesse fallito if he had failed
la sua carriera sarebbe fallita her career would be over
investimento investment
bombolone doughnut
raccogliere le forze to gather strength
grattarsi to scratch
sciocchezze nonsense
scherzare to joke
rimanere immobile to keep motionless
sguardo fisso blank stare

rivolgersi to turn to
muto silent
rifiutarsi to refuse
sbuffare to grumble

Domande a risposta multipla

1) Il progetto "Aristotele" ___
   a. era un progetto segreto.
   b. era conosciuto in tutto il mondo.
   c. alla stampa non interessava.
   d. riguardava un robot progettato per agire come un normale essere umano.

2) Aristotele ___
   a. non era un robot avanzato.
   b. era un robot perfetto.
   c. aveva l'aspetto umano.
   d. conteneva un errore di programmazione.

3) Al bar, Sebastiano ___
   a. mangia un panino di carne sintetica.
   b. ordina un caffè macchiato.
   c. ordina solo un caffè.
   d. ordina un bombolone alla crema.

4) Sebastiano dice che è preoccupato perché ___
   a. a volte Aristotele dice sciocchezze.
   b. il robot non sembra abbastanza umano.
   c. vuole molto bene al robot.
   d. è geloso.

5) Quando Federica torna in laboratorio ___
   a. Sebastiano non è lì.
   b. Aristotele comincia a muoversi.
   c. il robot è addormentato.
   d. Aristotele non vuole parlare.

Capitolo 2 — Il problema

Federica guardò Sebastiano negli occhi. Il messaggio era chiaro: era successo qualcosa di brutto. Proprio due ore prima della presentazione alla stampa e davanti al presidente! Dieci anni di lavoro erano ora a rischio. Avrebbero potuto concludersi con un errore, con una **crisi nervosa**, con una procedura sbagliata.

Federica guardò i giornalisti a bocca aperta: **non sapeva cosa dire**.

Uno di loro chiese sorridendo:

–C'è qualche problema con la macchina della felicità?

Lei sorseggiò un po' d'acqua e **si scusò**.

–Torneremo tra due ore, signore e signori. È tutto in ordine e vi chiediamo solo un po' di pazienza. **Nel frattempo**, potrete vedere sullo schermo un documentario sulla storia del progetto Aristotele dall'inizio fino a questo grande giorno.

–Abbiamo un'altra conferenza stampa –gridò una giornalista, ma Federica non rispose. Uscì dalla sala e corse lungo il corridoio. Si sentivano rumori e confusione **da tutte le parti**.

Quando arrivò al laboratorio, vide il suo team intorno ad Aristotele, il quale adesso era sveglio. Lì c'era anche Sebastiano, il più preparato tra i suoi colleghi. Con loro c'erano anche un esperto di programmazione robotica indiano, un linguista italiano e diversi scienziati americani. I loro volti sembravano preoccupati.

–Che succede? –chiese lei **alzando le mani al cielo**. Tutto sembrava essere in ordine, però nessuno aveva il coraggio **sufficiente** per parlare. –Aristotele sta bene, vero?

–Dottoressa Carletti, deve vedere questo.

Federica fece qualche passo fino ad Aristotele e guardò la faccia del robot della felicità. Inorridita, fece un passo indietro.

Il robot aveva una **lacrima** sul **viso**.

–E questa cos'è? –chiese Federica.

–Questa è una... una lacrima –disse una sua collega bionda in **camice bianco**.

–Chi l'ha messa lì? –chiese Federica.

Il robot sembrava essere a posto, però aveva un'espressione triste.

–Funziona ancora? –chiese Federica.

–Sì, sì, funziona... Il fatto è che...

Gli scienziati erano sconcertati. Il robot creato per rendere felici le persone aveva una lacrima? E quella faccia triste?

–Ha detto qualcosa? –chiese Federica.

–Niente, però sembra ansioso di parlare.

–Non l'hai mica fatto tu? – aggiunse Federica guardando Sebastiano. –Parlo della lacrima.

–No, Federica. **Te l'assicuro**.

–Si tratta di qualcosa di molto strano, ma noi andremo avanti comunque. Sono dieci anni che ci lavoriamo e molto denaro **è stato investito** da parte di tante aziende. L'attenzione del mondo è puntata su tutti noi. Sono certa che si tratta solo di un errore di programmazione, o qualcosa del genere.

–Forse le sue emozioni sono troppo intense.

–Forse ha qualcosa di importante da dirci.

–Non pensi sia meglio aspettare e fare qualche altro test prima di presentarlo alla stampa? –chiese Sebastiano.

–**È in gioco** il mio prestigio –disse Federica. –Preparate Aristotele a fare la conoscenza del mondo.

–Come vuoi –rispose Sebastiano.

Il suo collega **fece un sospiro**. Sapeva per esperienza che Federica era molto autoritaria, anche se sapeva essere **dolce** e amorevole quando era calma.

Sebastiano **diede l'ordine** a uno scienziato di proseguire e una delle barriere di vetro si aprì. Il robot si alzò in piedi e uscì dalla teca.

Rimasero tutti in silenzio. Per diversi minuti.

–Perché siete tutti zitti? –chiese Federica.

–È una situazione **imprevista** –disse il suo principale collega.

Aspettavano che il robot dicesse qualcosa.

Aristotele era in mezzo alla sala, immobile. Era attivato. I suoi occhi si muovevano dolcemente e così anche le sue dita.

–Meglio se non parla ora, voglio che la stampa abbia l'esclusiva. Lo **abbiamo collaudato** moltissime volte, signore e signori. Non voglio sorprese. Diamo inizio alla presentazione.

Il presidente era furioso per l'interruzione che c'era stata, e anche la stampa. Finalmente era il momento.

–Ora? Ma...

–Ora! Subito! Iniziate a **prendere appunti**.

–Forse se aspettiamo ancora un po'...

–Vieni con me, piccolo Aristotele –disse Federica al robot.

Il robot obbedì. Il giovane robot aveva **libero arbitrio**, però obbedì alla sua creatrice e **proprietaria**.

–Che fai? –chiese Sebastiano.

–Sto asciugando la lacrima. **Correggi** il programma per bloccare le lacrime! Adesso vado nella sala conferenza.

–Come vuoi tu.

Federica entrò nella sala conferenza mano nella mano con Aristotele. La gente ammutolì e tutti guardarono il robot. Mormoravano. Sembrava un giovane umano di 12 anni. Lei prese il microfono e iniziò a parlare.

–Sono molto contenta di vedervi qui oggi. **Ho l'onore di presentarvi** Aristotele, l'intelligenza artificiale che ci renderà felici. Al momento i robot svolgono molti compiti e ci aiutano, ma non siamo felici, ci sentiamo soli –disse e poi fece una pausa. – Insieme al mio team abbiamo lavorato per dieci anni, abbiamo studiato le culture del mondo, abbiamo parlato con milioni di persone di tutte le età, abbiamo studiato la storia, abbiamo consultato tutti i libri della biblioteca mondiale, abbiamo studiato tutte le filosofie dall'antichità ai giorni nostri. Aristotele conosce tutto. Signore e signori, abbiamo creato il robot della felicità.

La macchina si alzò e fece qualche passo. La sua espressione era tranquilla. Federica **si emozionò** e si sentì **sollevata** allo stesso tempo. Il robot si fermò per tre secondi e guardò i giornalisti. I fotografi scattarono molte foto e aspettavano di vedere cosa avrebbe fatto. I giornalisti prendevano appunti sui loro tablet e laptop.

–Aris, parla –lo incitò Federica. –**Di' come ti senti.**

–La tristezza è un **muro** tra due giardini. Questa è l'ultima cosa che dirò –disse il robot e poi si spense.

–Che cosa?!

I giornalisti **sbatterono le palpebre increduli.** Poi **scoppiarono a ridere.**

–Aris, ma che dici? –disse Federica, anche lei ridendo nervosamente.

Il presidente si alzò e uscì furioso dalla sala.

Due addetti alla sicurezza della compagnia entrarono e dissero:

–Dottoressa Carletti, deve venire con noi. Il robot tornerà al laboratorio. La riunione è conclusa, signori. Grazie per la vostra partecipazione.

Annesso al capitolo 2

Riassunto

Aristotele non vuole parlare. Secondo Federica forse si sta preparando per la presentazione. Durante il primo incontro con la stampa, sorge un problema inaspettato. Aristotele ha l'aria triste e sul viso ha una lacrima. Federica ha paura di mandare a monte la sua presentazione e teme per la sua carriera professionale. Sebastiano, l'assistente di Federica, propone di aspettare e di risolvere il problema, ma Federica decide di procedere. Durante la presentazione, il robot dice: «La tristezza è un muro tra due giardini» e poi si spegne.

Vocabolario

crisi nervosa nervous breakdown
non sapere cosa dire not to know what to say
scusarsi to apologise
nel frattempo in the meantime
da tutte le parti everywhere
alzare le mani al cielo to throw up one's hands
sufficiente sufficient
lacrima tear
viso face
camice bianco white coat
Te l'assicuro. I assure you.
investire to invest
essere in gioco to be at stake
fare un sospiro to sigh
dolce sweet (character)
dare l'ordine to give the order
imprevisto unforeseen
collaudare to test

prendere appunti to take notes

libero arbitrio free will

proprietaria owner

correggere to correct

come vuoi tu as you wish

Ho l'onore di presentarvi... I'm honoured to introduce ... to you

emozionarsi to be moved

sollevato relieved

Di' come ti senti. Say how you feel.

muro wall

sbattere le palpebre to blink

incredulo disbelieving

scoppiare a ridere to burst out laughing

Domande a risposta multipla

6) Perché Federica è preoccupata per la presentazione del robot Aristotele?

    a. Perché se fallisce, la sua carriera sarà rovinata.

    b. Perché c'è un errore nel codice del robot.

    c. Perché a volte il robot dice sciocchezze.

    d. Perché i suoi superiori non si fidano di lei.

7) Il problema è che ___

    a. Aristotele ha una faccia felice.

    b. il robot non funziona.

    c. il robot sembra triste.

    d. il robot non riesce a parlare.

8) Come reagisce Federica al problema del robot?
   a. S'arrabbia con Sebastiano.
   b. Decide di andare avanti con il programma.
   c. Pensa di annullare il progetto.
   d. Decide di aspettare e di testarlo ancora prima di presentarlo.

9) Quando Federica dice ad Aristotele "Vieni con me", il robot ___
   a. non si muove.
   b. inizia a piangere.
   c. si spegne.
   d. le obbedisce.

10) Che succede quando Aristotele comunica il suo ultimo messaggio?
   a. Federica si alza e se ne va arrabbiata.
   b. Il presidente annuncia che la riunione è conclusa.
   c. Sebastiano sbatte le palpebre incredulo.
   d. I giornalisti cominciano a ridere.

Capitolo 3 — La vera felicità

Una settimana dopo, Federica era nella **sala d'aspetto** di SmileTech, al 150° piano di un edificio nel centro di Houston. Da lì si poteva vedere il Messico. Federica indossava una gonna elegante, una camicetta rossa e una giacca bianca.

Faceva delle smorfie. Non era di buon umore.

Nella sala d'attesa c'era una rivista dell'industria di robotica con la foto del presidente di SmileTech. "La grande delusione", si leggeva nel titolo.

Federica aprì la rivista. Iniziò a leggere un **reportage** su Aristotele. "I robot saranno ancora in grado di aiutare le persone a costruire case e lavare i vestiti, ma quando si tratta di felicità, preferiscono spegnersi".

Federica, **disgustata,** lasciò la rivista sul tavolo.

La sua foto era su un'altra rivista, con un'espressione buffa. Sotto c'era scritto: "Federica Carletti, dieci anni di lavoro e milioni di euro-dollari producono solo una stupida frase senza senso".

"La tristezza è un muro tra due giardini" non era una frase stupida. E, per la precisione, erano state due le frasi che aveva detto Aristotele. Dopo quella frase, il robot aveva detto che quella sarebbe stata l'ultima cosa che avrebbe detto.

Aristotele conosceva tutte le lingue del mondo, conosceva tutte le filosofie, tutta la scienza, e aveva detto solo una cosa. Dopo si era spento. Federica sapeva che il robot non parlava più da una settimana.

Sapeva anche che la sua carriera era finita. Pensò a Sebastiano. Magari lui avrebbe potuto aiutarla.

D'un tratto s'aprì la porta dell'ufficio del presidente.

La segretaria la invitò a entrare, lei si alzò ed entrò. Si trovò davanti il presidente di SmileTech e i rappresentanti di altre aziende. C'era anche un avvocato e altre persone che lei non conosceva. Si mise a sedere e **respirò** nervosamente.

–Dottoressa Carletti, –disse il presidente –dopo aver **firmato** questi **accordi** di confidenzialità, lei può considerarsi ufficialmente **licenziata**. Immagino che non ci sia bisogno di dirle che il progetto è stato interrotto. E le consiglio di dimenticarsi della sua carriera professionale.

–Che ne sarà di Arist...? –chiese Federica.

–Il suo accordo di confidenzialità ha effetto immediato. Non menzioni quel nome. È **severamente proibito** parlare di questo. Il robot sarà conservato in una **stanza sotterranea** del laboratorio.

–Bene –disse lei tristemente. –Posso vederlo per l'ultima volta?

–**Che faccia tosta!** –esclamò l'avvocato.

–Dottoressa Carletti, siamo stati molto pazienti con lei –disse il presidente. –Adesso la invitiamo a lasciare SmileTech **senza fare domande**. Le auguro una buona giornata.

Federica salutò e uscì. Poi andò al laboratorio per l'ultima volta. Raccolse le sue carte e cercò i suoi libri.

Cercò Sebastiano, **invano**. Lui non si trovava da nessuna parte. C'era solo una giovane stagista, seduta timidamente in un **angolo**.

–Dottoressa Carletti –disse. –Ho imparato tanto con lei. La ricorderò sempre. Per me, lei è un genio! E, secondo me, il piccolo Aristotele ha detto qualcosa di bello. La felicità è dappertutto, come l'**erba**. Siamo noi a porre muri. Non è stato tutto un male.

–Non voglio sapere più niente di questa storia –rispose Federica. –**Dimentica** quest'esperienza, spero che il tuo prossimo capo sarà all'altezza.

Federica **guidò** la sua macchina verso casa ripensando alle parole della giovane stagista. Guardò la fotografia di Sebastiano sul suo orologio. Era molto giovane nella foto... come sempre. Per lui gli anni non passavano mai. Lei, invece, si sentiva **invecchiata**.

Entrò in casa e posò la chiave sul tavolo. Poi fece una doccia bollente. Si mise il pigiama senza curarsi del suo aspetto più di tanto. Fece un respiro profondo e mandò giù un bicchiere d'acqua. Iniziava a stare meglio. Forse la felicità consisteva in queste piccole cose.

Si sdraiò sul divano e si coprì con la sua **coperta** preferita, accese il televisore e guardò il **telegiornale**. Sebastiano apparse in uno dei servizi, davanti a un microfono, circondato dai giornalisti.

–Aristotele ci ha lasciato un messaggio semplice ma profondo. Secondo me abbiamo bisogno di tempo per capire un robot come lui.

–Quindi crede che il progetto non sia stato un **fallimento**?

–**Neanche per sogno** –Sebastiano sorrise e guardò dritto nella telecamera.

Federica si sollevò dal divano e rimase seduta, era emozionata. **Era come se Sebastiano sapesse** che lei lo stava guardando. Quello che nessuno sapeva era che Sebastiano era nato nel suo laboratorio della SmileTech.

–Sebastiano... –sussurrò Federica. –Il mio successo professionale più grande.

–Aristotele è solo un altro passo verso il mondo ideale –aggiunse Sebastiano davanti alla telecamera e sorrise.

Federica era orgogliosa, Sebastiano sembrava realmente un umano.

Annesso al capitolo 3

Riassunto

Il progetto Aristotele è stato interrotto e Federica è stata licenziata. La dottoressa va al laboratorio a prendere le sue cose e cerca Sebastiano per salutarlo, ma non riesce a trovarlo. Una stagista dice a Federica che la ricorderà per sempre e che per lei è un genio. Tornata a casa, Federica accende la TV e vede Sebastiano al telegiornale. Sebastiano dice che Aristotele ha lasciato al mondo un messaggio profondo. Federica pensa che Sebastiano sia il suo miglior trionfo professionale e che sembra realmente umano.

Vocabolario

sala d'aspetto waiting room
fare smorfie to grimace
reportage news story
disgustato disgusted
respirare to breathe
firmare to sign
accordi agreements
licenziato fired
severamente proibito strictly prohibited
stanza sotterranea underground room
Che faccia tosta! What cheek!
senza fare domande without asking any questions
invano in vain
angolo corner
erba grass
dimenticare to forget
guidare to drive
invecchiato aged

coperta blanket
telegiornale news
fallimento failure
Neanche per sogno. Not a chance.
Era come se Sebastiano sapesse... It was as if Sebastiano knew...

Domande a risposta multipla

11) Secondo la stampa, la presentazione di Aristotele è stata ___
   a. una delusione.
   b. un successo.
   c. molto noiosa.
   d. una stupidaggine.

12) Secondo Federica, chi poteva aiutarla?
   a. Aristotele
   b. Sebastiano
   c. la stampa
   d. il presidente dell'azienda

13) Il presidente dice a Federica che ___
   a. hanno distrutto il robot.
   b. hanno annullato il progetto.
   c. il progetto continuerà.
   d. può vedere Aristotele un'ultima volta.

14) Chi incontra Federica al laboratorio?
   a. Sebastiano
   b. Aristotele
   c. l'avvocato
   d. una stagista

15) Cosa pensa Sebastiano del messaggio di Aristotele?
    a. Che è una frase senza senso.
    b. Che è una frase stupida.
    c. Che è un messaggio profondo.
    d. Che non è un solo messaggio, ma sono due.

Il terremoto

Capitolo 1 — Georges

Nel novembre del 1980, un terribile **terremoto** distrusse un'enorme area fra le regioni della Campania, della Basilicata e della Puglia. Morirono molte persone. Le città di Avellino, Salerno e Potenza furono duramente colpite. I palazzi crollarono come se fossero fatti di cristallo, le strade **si spaccarono** e molte persone rimasero **intrappolate** sotto le macerie.

Diversi Paesi inviarono squadre di soccorso per aiutare le persone intrappolate. I cani **da soccorso** cercavano i **sopravvissuti** sotto le macerie e grazie al loro **olfatto** e al loro **abbaiare**, i soccorritori riuscirono a salvarne molti.

Un medico dell'**esercito**, Georges Dubois, della Provenza, era un volontario delle squadre di soccorso inviate dalla Francia. Era un uomo di quarant'anni, forte e ben addestrato sul **campo di battaglia**. Georges amava l'Italia perché, quando era bambino, suo padre lo aveva portato a visitare le spiagge del sud Italia: il Salento, la Costiera Amalfitana, Tropea, fino alle incantevoli spiagge siciliane. Georges aveva vissuto grandi avventure nei mari e nelle spiagge d'Italia. Ora aveva modo di aiutare un Paese che amava.

Una notte, quando finalmente **stava per** andare a riposare un po', il suo cane iniziò a **latrare**. L'animale cominciò a girare attorno a un **mucchio** di pietre.

–Che succede, Max? Che hai trovato qui? Sono solo pietre.

Il cane continuava a latrare.

Georges pensò ai **feriti** che aveva aiutato in quei giorni terribili. I sopravvissuti erano generalmente in uno stato di shock, ma la personalità di Georges trasmetteva loro un senso di calma e fiducia. Sotto le pietre, tra gli scavi di soccorso, il medico della Provenza era impegnato a curare sul posto le ferite più urgenti. Per tranquillizzare i feriti, il medico Dubois chiacchierava con loro. Parlava della Provenza, della sua infanzia sulle spiagge italiane e del suo cane Max.

Georges, inoltre, chiedeva ai feriti di raccontargli della loro vita.

–Max, che c'è qui? –disse il medico.

Georges seguì il suo cane dentro una sorta di tunnel tra le rovine. Dal **fondo** sentì arrivare un **gemito**. Max sedeva accanto a un uomo ferito. L'uomo gridava.

–Aiuto! Aiuto!

–Sono qui, amico. Tranquillo. Cosa ti fa male?

–Mi fa male tutto –**si lamentò** l'uomo.

–Va bene. Fammi vedere il braccio. Non preoccuparti.

–È stato tutto **improvviso** –disse il pover'uomo. –Ero a casa, stavo cenando. **D'un tratto** la terra s'è mossa tutta. Ho sentito gridare, e poi non ricordo più niente.

Il dottore appoggiò a terra lo zaino. Iniziò a lavorare velocemente. C'era molto sangue **dappertutto**.

Georges rimase con l'uomo mentre il suo cane, Max, andò a chiedere aiuto. Sapeva che avrebbe dovuto tranquillizzare l'uomo fino al momento del trasporto al **pronto soccorso**.

–Come ti chiami? –chiese Georges.

–Mi chiamo Antonio.

–Antonio come? –chiese il medico per mantenerlo sveglio.

Guardò l'uomo. Aveva quasi la sua età.

–Antonio. Faccio il contabile.

–E, dimmi, di dove sei, Antonio?

–Sono di Positano.

–Che località bellissima, Positano! Un mare incredibile! –disse Georges Dubois. –Io sono stato lì da bambino. Sono francese, però amo l'Italia.

–Quanto è brutta la situazione là fuori? – Antonio volle sapere.

–Brutta, –rispose Georges con tristezza –però adesso bisogna pensare a te. Dobbiamo tirarti fuori.

–Sei un volontario?

–Sì, sono arrivati volontari e soccorritori da molti Paesi – disse mentre faceva ad Antonio un'iniezione alla gamba. – Parlami, Antonio. Dimmi qualcosa della tua vita. Non importa cosa. Sei sposato?

–No, non sono sposato.

–Sicuramente c'è qualcuno di speciale nella tua vita, – disse il dottore, prendendogli la mano. –Hai qualcuno di speciale? Mentre aspettiamo gli altri soccorritori, perché non mi parli di un tuo **ricordo** speciale.

–C'è qualcuno di speciale, molto speciale per me – disse l'uomo.

Georges sentì Max abbaiare in lontananza. Sentì anche delle persone **gridare**. I soccorritori erano già vicini. Sperava che Antonio potesse essere trasportato presto all'ospedale, anche se la sua gamba era ancora incastrata tra le pietre.

–Davvero? Raccontami. Non ti addormentare, per favore.

Antonio aprì gli occhi e sorrise debolmente.

–Il suo nome è Elsa.

–Un bel nome. Dimmi di lei.

La voce di Antonio era sempre più **debole**.

–Elsa? Molti anni fa... era una cantante in un locale di Napoli. Aveva la voce più bella del mondo. Suonava il mandolino e la gente faceva i chilometri per andare a sentirla cantare: *Surriento bello, Torna a Sorrento, Reginella...*

Georges improvvisamente si interessò alla storia.

–E cosa è successo con Elsa? È stato tanto tempo fa? Non addormentarti! Continua a parlarmi.

–Lo ricordo bene, era il 1970. Un bel periodo. C'era tanta musica, tanti turisti, tanto divertimento. Io ero una persona diversa in quel periodo. Un bel giorno... me ne andai e non tornai più.

–Perché?

–Successe qualcosa nella mia vita. Quel periodo bello era finito, dovevamo diventare più seri, molti dei miei amici si sposarono. Ci tagliammo i capelli. Loro finirono in giacca e cravatta.

–Ricordo anch'io quegli anni, Antonio. Penso che abbiamo la stessa età. Però adesso pensiamo al presente. Per ora, devi sopravvivere.

–Vorrei poterla trovare e dirle tante cose. Anche se è tardi –disse Antonio sorridendo con nostalgia, e fece una **smorfia di dolore**. –La mia gamba! Il dolore mi sta uccidendo!

–Gli aiuti sono già qui –disse il medico.

Max entrò nel piccolo tunnel, di corsa e abbaiando. Georges **accarezzò** la testa del cane. Dietro di lui arrivarono diversi uomini con l'attrezzatura necessaria. I soccorritori si misero immediatamente all'opera, spostando le macerie.

–Resisti, amico! Pensa a Elisabetta, magari un giorno la ritroverai.

I soccorritori liberarono la gamba di Antonio Russo. Poi lo sistemarono su una **barella**.

–Come hai detto? –chiese Antonio stupito. –Io ti ho detto solo il suo **soprannome**. La conosci?

–Sì, la conosco –rispose Georges, lasciando la mano dell'uomo, che ora avrebbero portato in ospedale.

Georges guardò l'ambulanza e la sirena con le sue luci rosse e blu. **Fece un sospiro** e andò verso il suo alloggio. Aveva fatto un buon lavoro, però ora aveva bisogno di dormire. Sperava di poter riuscire a chiudere occhio, anche se probabilmente non sarebbe stato facile. Soprattutto ora che gli erano tornati in mente così tanti ricordi.

Ricordò l'anno 1970. Il locale "Napule è" dove suonavano gli artisti più bravi dell'epoca. Gli anni della gioventù. E ricordò anche la sua **promessa sposa**, Elisabetta De Rosa.

Annesso al capitolo 1

Riassunto

Nel novembre del 1980, un terribile terremoto ha distrutto gran parte delle regioni della Campania, della Basilicata e della Puglia. Sono morte tante persone. Georges Dubois, un medico volontario della Provenza, ritrova sotto le macerie un ferito di nome Antonio. Georges soccorre Antonio e parlando di un ricordo passato, scoprono di avere qualcosa in comune: una persona speciale, chiamata Elsa, o Elisabetta, la promessa sposa di Georges.

Vocabolario

terremoto earthquake
spaccarsi to split, to crack open
intrappolato trapped
da soccorso rescue
sopravvissuti survivors
olfatto sense of smell
abbaiare barking, to bark
esercito army
campo di battaglia battlefield
stava per he was about to
latrare to snarl
mucchio heap
feriti casualties
fondo bottom
gemito groaning
lamentarsi to moan
improvviso sudden
d'un tratto suddenly
dappertutto everywhere

pronto soccorso first aid

ricordo memory

gridare to scream

debole faint

smorfia di dolore grimace of pain

accarezzare to stroke

barella stretcher

soprannome nickname

fare un sospiro to heave a sigh

promessa sposa fiancée

Domande a risposta multipla

1) Nel 1980, Georges va in Italia____
   a. in vacanza.
   b. come volontario.
   c. per ricordare i vecchi tempi.
   d. per vivere lì.

2) Chi avvisa Georges che un uomo è intrappolato sotto le macerie?
   a. il suo cane
   b. gli altri feriti
   c. l'esercito
   d. un altro medico

3) Qual è l'ultima cosa che Antonio ricorda del terremoto?
   a. che stava cenando
   b. un rumore
   c. la terra che si muove
   d. delle grida

4) Da dove viene Antonio?
   a. da Sorrento
   b. dalla Provenza
   c. da Positano
   d. da Salerno

5) Georges mostra interesse per Elsa perché ___
   a. pensa che è un soprannome originale.
   b. la conosce.
   c. vuole distrarre Antonio.
   d. gli piace Sorrento.

Capitolo 2 — L'ospedale

Antonio Russo era in un letto d'ospedale. Erano passati due giorni dal suo ritrovamento e **respirava con fatica**. I medici erano preoccupati. Il suo letto era piccolo e la stanza aveva una grande finestra.

Dal letto si vedeva un giardino con un **prato** e tanti alberi. Adesso il prato era pieno di **tende**, dottori, volontari e cani da soccorso.

Antonio passava la maggior parte del tempo dormendo. Gli faceva ancora male la gamba rotta. Non era importante. L'importante era essere vivi. Quando si svegliò, si domandò dove fosse il dottore che lo aveva aiutato.

–Sa cos'è successo al dottore che mi ha ritrovato? – chiese all'infermiera.

–Abbiamo migliaia di medici che vanno e vengono. Non so di chi parla.

–Sì, va bene, mi ascolti. Era un dottore più o meno della mia età. Sui 40 anni. Biondo. Francese.

L'infermiera fece un sospiro e **alzò** gli occhi.

–Ho visto circa 20 dottori che corrispondono a questa descrizione. Non si muova. Per il momento non dovrebbe fare troppi movimenti.

Il terzo giorno, Antonio provò a sedersi sul letto, anche solo **brevemente**. Guardò fuori dalla finestra per qualche istante. Era ancora debole.

Proprio in quel momento, un'infermiera entrò nella stanza e vide che l'uomo guardava fuori dalla finestra.

–Signor Russo, che cosa sta facendo?

Antonio si voltò e disse all'infermiera:

–Volevo vedere la città. Ci sono state altre scosse mentre dormivo?

–Lei è ancora debole, si metta giù!

–Sto bene. Il dottore che mi ha trovato è tornato?

–No! Torni a letto!

Antonio guardò torvo l'infermiera, ma obbedì. Respirava con difficoltà. Voleva rivedere quell'uomo che gli aveva fatto ricordare di Elsa, la persona più importante della sua giovinezza.

A tre isolati dall'ospedale, il dottor Georges Dubois riposava in un campo della Croce Rossa. Stava parlando con un altro medico della Francia, un'amica della facoltà di medicina.

–È strano, Lysette, dopo tutti questi anni... Quell'uomo ferito, sotto le macerie, mi ha fatto ricordare di Elsa.

–Lei era la tua fidanzata?

–Sì, qui in Italia. Lei voleva sposarsi, ma io dovevo tornare in Francia.

–Perché non sei rimasto in Italia se la amavi?

–Perché io volevo andare all'università e studiare medicina. Ero molto giovane. Non potevo rimanere in Italia.

–E lei non è voluta venire in Francia?

–No –Georges fece un sorriso triste. –Lei voleva continuare a cantare. La musica era la sua passione. Io me lo sento che canta ancora.

Georges e Lysette videro passare un'ambulanza a sirene spiegate. Dopo passarono alcuni **soldati** con dei viveri per i **terremotati**. La città era ancora distrutta, ma tutti si aiutavano a vicenda come potevano.

–E poi hai sposato Gabrielle.

–Quella è un'altra storia! Elsa è solo un ricordo della mia gioventù. Per quell'uomo, invece, lei sembra essere l'amore della sua vita. Dopo tanti anni, continua a sognare di ritrovarla e di dirle ciò che sente nel suo cuore.

Lysette osservò il **volto** del suo amico.

–Mi sa che vuoi aiutarlo –disse **strizzando l'occhio** –Tu sai dove si trova Elsa?

–Ne ho una vaga idea –disse Georges.

Un medico della Croce Rossa arrivò correndo e li interruppe.

–Richiamate le vostre squadre. C'è un'emergenza.

Il giorno dopo, una domenica, Antonio Russo si svegliò presto nel suo letto d'ospedale. Si sentiva peggio degli altri giorni.

–C'è una visita per lei –gli comunicò un'infermiera.

I suoi amici e la sua famiglia erano lontani. Chi era venuto a visitarlo?

–Chi è? –chiese Antonio.

–Credo che vi conosciate.

L'infermiera uscì dalla stanza. Georges Dubois entrò.

–Ciao, Antonio. Come ti senti, amico? Ti vedo bene.

Il medico sapeva che non era vero. Antonio non aveva un bell'aspetto.

–Georges? Speravo di rivederti! Non sapevo se fosse stato un angelo o un vero dottore a salvarmi.

–Come ti senti?

–Molto bene, ora meglio.

Georges posò la giacca su una sedia e si sedette.

–**Ho delle buone notizie**. Vuoi sapere di che si tratta?

–Ho proprio bisogno di sentire delle belle notizie. Che succede?

–Ho poco tempo, amico mio, quindi andrò dritto al sodo. Penso di sapere dove si trova la tua amata Elsa.

–Davvero? –chiese Antonio con stupore, cercando di alzarsi dal letto.

–Non alzarti. Non sei ancora guarito.

–E tu come fai a sapere dov'è?

–È una storia lunga. Ascolta, anch'io ero a Napoli in quegli anni. Ricordo tutto. Quando mi hai parlato di lei, ho capito immediatamente che si trattava della stessa persona. Come **dimenticare** quella voce e quelle canzoni? *Tammurriata Nera*… e tante altre

–Stai dicendo sul serio? –chiese Antonio. –Non è uno scherzo? Sai dove si trova Elsa?

–Senti, vuoi parlare con lei o no? Come ti ho già detto, ho poco tempo. Non ho il numero di telefono, ma posso trovarla. Voglio che tu **guarisca**. Io proverò a parlare con lei.

–E adesso dov'è?

–A Capri. Fa ancora la cantante.

–Ma tu devi lavorare qui!

–La troverò e le dirò che ho un messaggio per lei. Un messaggio del passato. Non posso garantirti nulla. Lei potrebbe non volerti parlare. Posso solo fare un tentativo. Ora devo tornare al lavoro. Nel frattempo, tu continua a rimetterti in sesto, amico.

Annesso al capitolo 2

Riassunto

Antonio è in ospedale ed è ancora molto debole. Chiede all'infermiera se ha visto Georges, il medico che lo ha salvato, e glielo descrive. L'infermiera dice di aver visto molti medici che corrispondono a quella descrizione. Georges parla con Lysette, una collega, e le racconta di Elsa, le dice che erano fidanzati, ma che alla fine è tornato in Francia per studiare all'università e diventare medico. Georges ha sposato un'altra donna, ma Antonio non ha mai dimenticato Elsa e il medico vuole aiutarlo. Va a trovarlo all'ospedale e gli dice che troverà Elsa per lui.

Vocabolario

respirare con fatica to have trouble breathing
prato lawn
tende tents
alzare to raise
brevemente briefly
proprio in quel momento just at that moment
a tre isolati da three blocks away from
Perché non sei rimasto… Why didn't you stay…
soldati soldiers
terremotati earthquake victims
volto face
strizzare l'occhio to wink
Ho delle buone notizie. I have good news.
dimenticare to forget
guarire to recover

Domande a risposta multipla

6) Alcuni giorni dopo il salvataggio, Antonio ___
   a. non riusciva a dormire.
   b. stava molto meglio.
   c. era ancora debole.
   d. la gamba non gli faceva più male.

7) Quando Antonio chiede all'infermiera di Georges, lei ___
   a. dice che lo conosce.
   b. dice che è già andato via.
   c. dice che il medico gli farà visita.
   d. dice che ha visto molti medici come lui.

8) Georges, da giovane, era tornato in Francia perché ___
   a. Elsa non voleva sposarsi con lui.
   b. lui era più giovane di lei.
   c. non voleva rimanere a vivere in Italia.
   d. voleva andare all'università.

9) Perché Elsa non è andata in Francia con Georges?
   a. Perché voleva continuare a cantare.
   b. Perché non sapeva parlare francese.
   c. Perché non voleva sposarsi.
   d. Perché era troppo giovane.

10) Quando Georges va a visitare Antonio all'ospedale, gli dice che ___
    a. troverà Elsa.
    b. ha il numero di telefono di Elsa.
    c. Elsa è a Napoli.
    d. Elsa non vuole parlare con lui.

Capitolo 3 — La ricerca

Quella notte Georges Dubois dormì in una tenda vicino all'ospedale. La mattina seguente chiamò un taxi e **si diresse verso** il porto. Aveva lavorato **incessantemente** per quattro giorni. Ora aveva una strana missione: trovare la ragazza della sua giovinezza e portarla da un altro uomo.

S'imbarcò su un aliscafo. L'aliscafo **solcava** il mare in una bella giornata di sole e attraccò a Capri, al porto di Marina Grande. Per raggiungere il centro di Capri, il mezzo più veloce era la funicolare. Erano molti anni che non veniva, ma l'isola era sempre bellissima. L'atmosfera era rilassata e tranquilla, non c'era l'invasione di turisti come in estate. I vecchietti sedevano al bar e sembrava che tutti si conoscessero.

In un modesto albergo, chiese una stanza alla receptionist:
–Vorrei una stanza per stanotte, per favore.
La donna guardò incuriosita quell'uomo stanco.
–Certamente, un attimo. Che stanza preferisce?
–**È uguale**, mi fermo solo una notte.
La receptionist **lo registrò** e gli diede la chiave.

Dopo aver dormito un po', Georges andò in un locale che conosceva bene. Tanti anni fa era stato in vacanza a Capri con Elsa. Lei aveva visto un piccolo locale con un'incredibile vista sul mare. Elsa aveva giurato che un giorno l'avrebbe comprato e avrebbe cantato lì per far sentire la sua voce a turisti di tutto il mondo. Erano le sei del pomeriggio. Giunto al locale, Georges trovò davvero Elsa, con qualche anno in più, con qualche filo **d'argento** tra i capelli. Stava cantando nel locale. La sua voce era sempre bellissima. Cantava qualcosa sull'**amore perduto**.

Georges ordinò un caffè e aspettò che finisse di cantare, seduto a un tavolo. L'atmosfera era molto rilassata. La gente **scherzava** e rideva. Era terribilmente stanco, ma anche felice di averla ritrovata. Poi notò che anche lei lo stava guardando.

–Georges? Georges Dubois? –chiese Elsa, in piedi accanto a lui, con il suo mandolino in mano. –Sei davvero tu?

Georges si alzò e l'abbracciò.

–Ciao, Elsa! Stai benissimo. Sono passati molti anni.

–Ma cosa ci fai qui? Questa è una **vera** sorpresa! Non ci posso credere! L'ultima volta che ci siamo sentiti facevi il medico volontario... in Algeria?

–Sì, hai un'ottima memoria, Elsa.

–Che ci fai in Italia?

–Sono venuto per il terremoto. Sono un medico volontario. Ho lavorato ininterrottamente per tutta la settimana.

–Seguo sempre il telegiornale, **sono sconvolta**. È tutto vero quello che dicono?

–È anche peggio. Ci sono state esplosioni di gas, è tutto **fango**, sporcizia, **edifici distrutti**. Però non sono venuto per questo. Sono venuto perché lì, tra le macerie, **ho incontrato** una persona che ti conosce. È in ospedale e vuole vederti. L'uomo è messo male e quando m'ha detto che ti cerca da una vita... non so, m'ha fatto pena, forse è un po' sciocco. Sono voluto venire a cercarti qui. Gli ho fatto una promessa.

–E lui chi è? –chiese Elsa incuriosita.

Georges notò i suoi occhi spalancati ed esitò per un momento a risponderle. Era giusto venire a **disturbare** una persona che era serena, che cantava e che viveva la sua vita come l'aveva sognata?

–Russo. Antonio Russo. Il nome ti dice niente?

La donna **impallidì**.

–Ed è grave la sua condizione?

–Stabile. Però le cose possono peggiorare. Forse non potremo salvargli la gamba.

–Puoi portarmi da lui, Georges?

Georges si stupì. Aveva pensato che Elsa avrebbe semplicemente sorriso, o che avrebbe mandato i suoi saluti ad Antonio. Oppure che **si sarebbe arrabbiata**. Ma la sua reazione era stata immediata nel volerlo vedere.

Il dottore si chiese quale storia d'amore ci fosse stata tra di loro. In ogni caso, si vedeva che Elsa aveva un cuore grande. Era pronta ad accorrere alla chiamata di una persona cara che stava male.

Il giorno dopo, una mattina soleggiata d'autunno, Georges ed Elsa si imbarcarono su un aliscafo. Lei rimase pensierosa per tutto il viaggio. Dal **finestrino** dell'aliscafo si vedeva la **costa** e un bellissimo mare blu. Arrivarono presto a destinazione.

La regione era ancora in stato di emergenza, ma tutti si impegnavano duramente per cercare di tornare presto alla normalità. Presero un taxi per raggiungere l'ospedale dove si trovava Antonio. Arrivati all'ospedale Elsa prese la mano di Georges. Era nervosa.

–Va tutto bene, sono sicuro che andrà tutto bene.

–E se è morto nel frattempo? –chiese lei terrorizzata.

–Io pensavo che fosse sparito per sempre, che non l'avrei mai più ritrovato. Dopo le violente proteste studentesche di quegli anni, capisco perché abbia cambiato nome. La polizia lo ha cercato a lungo...

–Tranquilla adesso, è meglio che ti veda sorridere.

Percorsero un corridoio ed entrarono finalmente nella stanza di Antonio.

Elsa lo guardò. Antonio era tutto **fasciato**, con la gamba rotta, ma era vivo. Quando lui la vide mostrò un'espressione di pura felicità.

Nel sole pomeridiano che filtrava dalla finestra, Elsa corse a riabbracciare suo fratello.

Annesso al capitolo 3

Riassunto

Georges va a Capri per parlare con Elsa. La trova un po' invecchiata, ma la sua voce è sempre bellissima. Quando Georges le racconta di Antonio, Elsa gli dice subito che vuole vederlo. Georges è sorpreso e si chiede quale sarà stata la loro storia d'amore. Il giorno dopo vanno a trovare Antonio all'ospedale. Elsa è nervosa perché non lo vede da tanti anni. Finalmente Elsa può riabbracciare suo fratello.

Vocabolario

dirigersi verso to walk towards

incessantemente non-stop

solcare to cut through

è uguale it's all the same

registrare to register

d'argento silver

amore perduto long lost love

scherzare to joke

vero real

essere sconvolto to be shocked

fango mud

edifici distrutti destroyed buildings

incontrare to bump into

disturbare to trouble

impallidire to turn pale

arrabbiarsi to get cross

finestrino car window

costa coastline

fasciato bandaged

Domande a risposta multipla

11) Dove si incontrano Georges ed Elsa?
   a. all'aeroporto
   b. in un locale
   c. nel ristorante dell'hotel
   d. in un bar

12) Quando Georges la vede, Elsa ___
   a. è uguale a quando era giovane.
   b. non ha capelli bianchi.
   c. sta scherzando e ridendo con la gente.
   d. è un pochino invecchiata.

13) Dove si trovava Georges l'ultima volta che si è sentito con Elsa?
   a. a Sorrento
   b. a Napoli
   c. in Provenza
   d. in Algeria

14) Quando Elsa dice a Georges che vuole vedere Antonio, Georges ___
   a. le fa delle domande sulla storia d'amore con Antonio.
   b. si sorprende della sua reazione.
   c. s'arrabbia per la sua reazione.
   d. le dice che Antonio sta bene.

15) Antonio è il ___ di Elsa.
   a. fratello.
   b. padre.
   c. fidanzato.
   d. marito.

Connor and the Bakers

Capitolo 1 — Il furgone

Mi chiamo Frank Johnson. Prima ero conosciuto con un altro nome: Lightning Frankie. Questo era il mio nome negli anni '60. Il "pazzo" Lightning Frank, dicevano alcune persone. Quando sento quel nome, mi tornano alla mente tanti bei **ricordi**.

La mia vita è molto più tranquilla ora che ho 75 anni. Passo le ore a leggere libri, a **potare** le piante in giardino e a bere tè alla **menta**. E ogni tanto metto su i vecchi dischi: i Beatles, i Rolling Stones, Jimi Hendrix, e l'unico album di una band che nessuno ricorda più: Connor and the Bakers.

Il mio nome appare in piccolo sul retro della **copertina** del disco e si legge: "Prodotto da Lightning Frank". L'album ha venduto forse cento copie. Cioè, non ha avuto successo. Eppure, per me è la cosa migliore che io abbia fatto nella mia vita.

Tutto iniziò nell'estate del 1964.

In quegli anni vivevo nel New Jersey, sulla costa orientale degli Stati Uniti. Nel 1964 lasciai la scuola di medicina. Mio padre voleva che diventassi medico, ma non era quello che faceva per me. Le **bocciature** agli esami **mi davano ragione**. Quando finalmente ne ebbi abbastanza, dissi a mio padre che studiare medicina non era quello che volevo.

Mio padre **si arrabbiò** molto quando glielo dissi. Non mi parlò per molti giorni. Alla fine, un giorno tornò a casa e mi disse che sarei andato a lavorare in un'**officina** meccanica.

–Ma io non so nulla di meccanica –risposi quasi in lacrime.

–Io non voglio un **fannullone** in giro per casa, Frank. E neanche tua madre. Vai a lavorare e impara un mestiere. Imparerai a riparare camion.

–Chi mi insegnerà? Non ho mai visto un camion in vita mia. Nessuno mi darà un lavoro, se non so cosa fare.

Mio padre **morse** il suo sigaro e **sbuffò**.

–Sapevo che avresti detto così. Andrai a lavorare dal mio amico Harry. Lui ha un'officina dove riparano camion ad Asbury Park. Ti insegnerà lui.

–Harry? –dissi.

Mi immaginai Harry come un vecchio **scontroso** con la camicia sporca e una barba incolta.

–Gli ho già parlato e ha detto che ti terrà in prova per un paio di mesi. Farai meglio a comportarti bene e a imparare il mestiere.

E fu così che andai a lavorare all'officina di Harry. L'officina era un vecchio **capannone** pieno di camion, furgoni e motociclette, lungo l'autostrada che portava a New York. A scuola avevo studiato qualcosa sull'elettricità. Questo piacque a Harry.

In quei giorni m'ero comprato una chitarra di seconda mano a soli 20 dollari. Quando non c'era lavoro, io suonavo. Nel 1964, i Beatles erano le stelle del rock and roll. Tutti i ragazzi sognavano di far parte di una rock band.

–**Scordati** quella robaccia, ragazzo, il rock and roll! –mi diceva Harry.

Alla fine dei due mesi di prova, luglio e agosto, il mio capo non disse nulla, così presi le mie cose, feci la borsa e uscii per andare alla fermata dell'autobus e tornarmene a casa.

–Frankie!

Mi voltai. Harry era all'ingresso dell'officina con indosso la sua **salopette di jeans** e il suo berretto. Beveva da una lattina e mi faceva dei segni con la mano. Lasciai passare il camion davanti a me e tornai da Harry.

–Che c'è, Harry?

–Non è ancora ora di andare –disse.

Mi guardai intorno.

–Ho dimenticato qualcosa? Beh, forse di dire grazie. Allora, scusami… e grazie.

–Ma che dici, Frank?!

Il mio autobus **passò senza fermarsi**. Il mio capo si sedette su un motore e io rimasi in piedi.

–È successo qualcosa? –chiesi.

–Sai che sono di poche parole, ma voglio che continui a lavorare per me. Sei un bravo ragazzo. Non hai talento per la musica –disse ridendo–, però sai riparare i camion.

Feci un respiro di sollievo.

–Grazie, Harry.

Io, a dire il vero, non ero felice. Il lavoro non era male, ma io volevo suonare. Harry aveva ragione, non sapevo suonare bene, la mia voce era pessima, però avevo delle idee originali per poter suonare in una band.

–E allora? Che ne dici? Vuoi continuare a lavorare qui?

–Certo –gli dissi. –Mio padre ne sarà contento.

–Tuo padre è un buon amico. Continuerai a lavorare come prima. Riparerai camion e motociclette, li vernicerai, li pulirai e continuerai a servire clienti **arrabbiati** –disse ridendo di nuovo.

–D'accordo. Quindi vuoi che torni lunedì?

–Lunedì alle 7. Salutami tuo padre. E smettila di suonare quell'orribile chitarra!

Passai tutto il fine settimana coi miei amici. Passeggiammo sul **lungomare**, ascoltammo dei gruppi e ballammo. Il lunedì mattina, con un gran mal di testa, arrivai all'officina di Harry.

Harry vide che avevo un brutto aspetto.

–Come va, ragazzo? Che t'è successo?

–Un fine settimana parecchio **movimentato**. Ecco cosa m'è successo!

–È colpa di quell'orribile rock and roll.

–Sì, è colpa sua –dissi **alzando le braccia** rassegnato e tornai al mio lavoro.

Harry era il mio capo, ma iniziava a diventare anche un amico. Era severo e scontroso, ma intelligente. Inoltre, mi insegnava tante cose sulla meccanica.

Nel 1965, l'anno successivo, arrivarono altre band dall'Inghilterra, i Rolling Stones e gli Who. Un venerdì mattina si fermò un vecchio furgone, del **fumo** nero e **denso** usciva dalla **testata**. Faceva rumore e si fermò proprio davanti all'officina.

–Ehi! Buongiorno! –disse un ragazzo magro con i capelli lunghi.

–Accidenti! –esclamò Harry. –È un uomo o una donna?

Dietro di lui, altri ragazzi con i capelli lunghi scesero dal furgone, alcuni avevano la barba lunga. C'erano anche due ragazze.

–Buongiorno! –disse di nuovo il ragazzo magro. – Abbiamo un problemino con il furgone.

–Un problemino? Sarà un **miracolo** se si rimette in moto! –disse Harry dopo aver dato un'**occhiata veloce**. –Frank!

–Ciao, ragazzi! –dissi. –**Dove state andando**?

–Ehi, Frankie –disse il ragazzo, senza conoscermi. – Andiamo a New York. Siamo un gruppo rock. Andiamo a suonare.

Dentro il furgone c'erano chitarre, amplificatori, un basso elettrico e una vecchia batteria. Io rimasi affascinato.

Lavorammo tutto il giorno al furgone. Quella notte i ragazzi dormirono nel furgone e la mattina dopo **erano pronti a** partire. Mentre li salutavo, pensavo amaramente che la vita di quei ragazzi era il mio sogno.

–Vieni con noi –dissero Connor, Davy e Billy contemporaneamente.

–Non posso. Mio padre vuole che diventi meccanico.

Il furgone funzionò senza problemi, così quei ragazzi ripartirono.

–Bel lavoro, ragazzo –mi disse Harry.

Poi successe qualcosa di strano. Entrai come un razzo nell'officina, presi la mia chitarra e corsi dietro al furgone.

–Aspettate, vengo con voi!
Così ebbe inizio la mia avventura.

Annesso al capitolo 1

Riassunto

Frank Johnson sogna di dedicarsi alla musica, ma non ha molto talento. Lascia l'università e inizia a lavorare in un'officina meccanica. Un giorno una rock band arriva all'officina con il furgone in panne. Frank ripara il furgone e, all'ultimo minuto, decide di andare con loro.

Vocabolario

ricordi memories
potare to prune
menta mint
copertina cover
bocciature failures
dare ragione to prove right
arrabbiarsi to get angry
officina garage
fannullone layabout
mordere to bite
sbuffare to grumble
scontroso grumpy
capannone depot
scordarsi to forget
salopette di jeans denim overalls
passare senza fermarsi to pass without stopping
Feci un respiro di sollievo. I breathed a sigh of relief.
lungomare seafront
Come va, ragazzo? What's up, kid?
movimentato hectic
alzare le braccia to raise one's arms
fumo smoke

denso thick
testata engine head
miracolo miracle
occhiata veloce quick glance
Dove state andando? Where are you going?
essere pronti a to be ready to

Domande a risposta multipla

1) Il nome di Frank compare sulla copertina del disco di quale band?
   a. Beatles
   b. Rolling Stones
   c. Jimi Hendrix
   d. Connor and the Bakers

2) Cosa faceva Frank prima di lavorare in un'officina?
   a. Faceva il medico.
   b. Studiava meccanica.
   c. Andava all'università.
   d. Lavorava con suo padre.

3) Quando suonava la chitarra Frank?
   a. Quando voleva Harry.
   b. Quando non c'era lavoro.
   c. Quando andava all'università.
   d. Solo nei fine settimana.

4) Perché Frank non era felice di lavorare all'officina?
   a. Perché sapeva di avere talento come chitarrista.
   b. Perché non sapeva riparare i camion.
   c. Perché voleva diventare medico.
   d. Perché voleva dedicarsi alla musica.

5) All'inizio, quando Connor, Davy e Billy lo invitano ad andare con loro, Frank dice che ___
   a. non può.
   b. vuole fare il meccanico.
   c. andrà con loro.
   d. non ha talento.

Capitolo 2 — Il primo concerto

Dal finestrino del furgone, vidi Harry correrci dietro e agitare le braccia.

–Non fermatevi! –dissi.

–Tranquillo, ormai sei dei nostri.

I ragazzi applaudirono e risero. In lontananza, Harry gettò a terra il berretto.

–Benvenuto a bordo, Frankie –disse il ragazzo magro dai capelli lunghi.

Questo era lo spirito degli anni Sessanta: libertà, amicizia, improvvisazione. Tutto era possibile. La band mi accolse a braccia aperte. Connor mi presentò agli **altri membri**.

–Allora, questi sono: il bel Billy, Charlie e Davy il **batterista**. Io sono Connor e sono il cantante dei Connor Boys.

Tutti i membri della band mi salutarono.

–Connor Boys? –chiesi. –Questo è il vostro nome?

–Ne hai uno migliore? –chiese il bel Billy.

Volevo una vita rock and roll, volevo andare ai concerti, volevo emozioni. Però, cosa più importante, il motivo per cui ero corso dietro al furgone era la ragazza che era seduta sul **sedile posteriore**.

–E lei chi è? –dissi guardando una ragazza dagli occhi verdi.

–Ah, lei è Alice.

Alice mi sorrise e anche il mio cuore sorrise. M'innamorai all'istante. Purtroppo, la mia illusione **svanì** presto. Alice si voltò e abbracciò Connor.

–Non è nella band, ma è la nostra fan numero uno –disse Connor, e le diede un bacio.

La cosa **mi fece venire voglia di** scendere dal furgone, ma l'officina di Harry era già lontana.

L'altra ragazza che era seduta accanto ad Alice **mi tese la mano**.

–Io sono Janey –disse una ragazza con gli occhiali.

Le strinsi la mano e mi andai a sedere **in fondo al** furgone. Era come una piccola casa. C'era un piccolo sofà, delle chitarre e un **basso**. La batteria era conservata da un'altra parte.

–Allora, abbiamo un'ora di strada. Frankie, benvenuto a bordo. Le tue abilità meccaniche ci saranno utili. Cos'altro sai fare?

–Ne so qualcosa di elettricità, potrei occuparmi dei **cavi**, Connor.

–Affare fatto! –disse il bel Billy. –Vuoi il mio autografo?

–Certo –dissi. –Non so nulla di voi. Solo che siete un gruppo rock.

–Hai mai ascoltato le nostre canzoni? –chiese Charlie.

–No, non ne conosco nessuna. Sono belle?

–Connor è il nuovo Mick Jagger –disse Alice e lo abbracciò mentre mi **fissava**.

–Davy scrive i testi, –mi spiegò Connor –io compongo la musica. Quando andiamo da una città all'altra, Davy **guida** e prepara anche le **torte**.

–E guadagnate dei soldi? –chiesi.

–Niente –rise Connor.

Il viaggio continuò senza imprevisti. Il furgone era vecchio e faceva strani rumori. Nel pomeriggio arrivammo in un auditorium di Staten Island dove c'erano altri gruppi rock. Un gruppo di ragazzi stava suonando delle canzoni dei Beatles, ma lo facevano male. Poi un'altra band salì sul palco e suonarono canzoni dei Beach Boys. Loro erano un po' meglio. La gente applaudiva con maggiore entusiasmo. Poi Connor e i suoi ragazzi salirono sul palco.

–Ciao, siamo i Connor Boys e suoneremo alcune ballate romantiche per voi –disse Davy dalla batteria.

Alice, Janey ed io li guardavamo da un lato del palco. Quella fu la prima volta che ascoltai la loro musica. Il loro stile era particolare, diverso dalle altre band. Il suono era come quello che si sarebbe sentito solo anni dopo. Le chitarre avevano più distorsione. Davy suonava con passione il suo strumento. E Connor **diede tutto di sé** sul palco per 35 minuti.

–Allora, che ne pensi, Frankie? –chiese Alice.

–Sono incredibili, la gente li adora, –dissi –l'unico problema è il nome. È un nome stupido: Connor Boys. I ragazzi Connor? Serve qualcosa di più originale.

–Sono d'accordo –disse Janey, la ragazza con gli occhiali. –È stupido.

Quando Connor finì di cantare, andammo a recuperare gli strumenti. Alice **inciampò** nei cavi. La presi tra le braccia per non farla cadere. Connor vide tutto e ci passò oltre ignorandoci. Alice arrossì e gli andò dietro per spiegargli cos'era successo. In quel momento sentii crescere la tensione tra Connor e me.

–Che te ne pare, Frank? –chiese Davy.

–Siete pazzeschi!

–Davvero?

–Sì! Mi piace molto il fatto che suonate dei pezzi originali, scritti da voi.

–Grande! Non ci piace rubare canzoni. Noi non tocchiamo quello che non è nostro.

Mi chiesi se le sue parole avessero un **doppio senso**.

Il furgone ripartì. Quella sera cenammo sul furgone, **parcheggiati** su una strada appena fuori da Staten Island. Davy e il bel Billy erano dei bravi cuochi. Mangiammo tutti delle torte al cioccolato.

Una settimana dopo facemmo un altro viaggio fino a un altro auditorium, nello stato di New York. La strada era lunga e **si fece notte**. Quando mi svegliai, Alice mi stava guardando:

–Ciao, Frankie, dormono tutti tranne Davy che è al volante. –Posso sedermi con te?

–Alice, a Connor non piacerebbe.

–Lo so.

–Tra poco farà giorno.

–Posso stare con te o no?

–Alice... –mormorai.

Non sapevo cosa dire. Alice era bella, però era la ragazza di Connor. La luce che entrava dal finestrino del furgone stava cambiando colore. Il sole stava sorgendo all'orizzonte.

Improvvisamente, avvertimmo uno scossone, sentimmo come il rumore di qualcosa di metallo e notammo qualcosa di nero nell'aria. Il furgone si fermò e il fumo iniziò a uscire dalla parte anteriore.

–Ragazzi! Svegliatevi! –disse Davy. –Questo maledetto furgone **s'è fermato** di nuovo.

Eravamo in un campo, **in mezzo al nulla**.

Annesso al capitolo 2

Riassunto

I ragazzi fanno un applauso e danno il benvenuto a Frank. Si presentano a Frank come i "Connor Boys". Gli presentano anche Alice, la ragazza di Connor, e Janey, la ragazza con gli occhiali. Nel pomeriggio fanno un concerto a Staten Island. Frank pensa che siano molto bravi, ma pensa che il nome del gruppo sia sciocco. Quando sono in viaggio verso New York, il furgone si rompe di nuovo.

Vocabolario

altri membri other members

batterista drummer

sedile posteriore back seat

svanire to vanish

fare venire voglia di make one want to

tendere la mano a to hold out one's hand to

in fondo al at the back of

basso bass

cavi cables

fissare to stare at

guidare to drive

torte cakes

dare tutto di sé to give one's all

inciampare to trip

doppio senso double meaning

parcheggiato parked

farsi notte to get dark

fermarsi to stop

in mezzo al nulla in the middle of nowhere

Domande a risposta multipla

6) Il motivo principale per cui Frank decide di salire sul furgone è ___
   a. Alice.
   b. il gruppo.
   c. Janey.
   d. l'emozione di andare ai concerti.

7) Alice era ___
   a. la cantante.
   b. la chitarrista.
   c. la batterista.
   d. la ragazza di Connor.

8) Quando Frank sente il gruppo per la prima volta, pensa che ___
   a. sono bravi, ma al pubblico non piacciono.
   b. le canzoni non sono originali.
   c. suonavano come altre band famose.
   d. il problema era il nome del gruppo.

9) Perché Frank prende Alice tra le braccia?
   a. Per fare uno scherzo.
   b. Perché voleva baciarla.
   c. Perché Alice stava cadendo.
   d. Perché Connor stava guardando.

10) Frank si chiede se le parole di Davy ("Noi non tocchiamo quello che non è nostro") avevano un doppio senso. A cos'altro potrebbero riferirsi?
   a. agli strumenti musicali
   b. ad Alice
   c. al furgone
   d. ai cavi

Capitolo 3 — Il concerto inaspettato

Mi alzai e scesi dal furgone. Controllai il motore, puzzava di olio **bruciato** e faceva fumo. La trasmissione era **andata**. Non era possibile ripararla lì.

–Dai, Frank. **Da' un'occhiata**, fa' una delle tue magie –disse Connor.

–È impossibile, Connor. Non posso senza **pezzi di ricambio**, dovrò andare a piedi alla città più vicina. Però questo costerà parecchio.

–Sei fuori di testa? –disse Billy. –Non abbiamo soldi. Devi fare qualcosa o perderemo la nostra grande occasione.

–Dove siamo? –chiese Alice.

–Siamo a mezz'ora da New Haven –rispose Davy. – Potremmo andare a piedi, ma non ce la faremo a portarci dietro gli strumenti. Ci perderemo il concerto.

Connor era furioso. Alice si mise a piangere.

–Ragazzi, –dissi **–la cosa non è così tragica**. Ci perderemo questo concerto, ma ce ne saranno altri. Forse dovremo dormire nel furgone stanotte. Forse mangeremo torte per il resto della giornata. Ma è solo un concerto! Ci sono molti altri auditorium nel mondo!

–Non sai quello che dici! –disse Connor. –Ci sarà il rappresentante di una **casa discografica** a New Haven. Ascolterà le band nell'auditorium dell'università in cerca di talenti.

–E noi speravamo di **ottenere** un contratto –disse Davy.

–**L'idea era che** tu avresti dovuto mantenere il furgone in buone condizioni, genio! –disse Alice. Quella frase mi fece davvero male.

–Ora che facciamo? Il rappresentante farà il contratto a un'altra band. Quel contratto potremmo ottenerlo noi, ma non possiamo **portare in spalla** tutti gli strumenti per strada.

–A meno che non troviamo un **asino** –disse Janey ridendo.

Nessun altro rise. Io ero avvilito. Tutti i membri della band **sembravano tristi** e Connor disperato. **Era colpa mia.** Dovevo fare qualcosa. Mi guardai intorno. L'Università di New Haven e la Notre Dame Preparatory School erano vicine, ma intorno a noi c'erano solo alberi ed **erba** verde.

–Ho un'idea –dissi, senza sapere di **essere sul punto di** cambiare la storia della band.

–Quale? –chiese Davy.

–Facciamo il concerto qui –dissi sorridendo e indicando il bosco.

Mi guardarono tutti in modo strano.

–Sei pazzo? –disse Connor.

–Forse un pochino. Andiamo all'università, invitiamo i ragazzi a venire qui per ascoltare un concerto rock. Gratis! Gli studenti possono sedersi sull'erba laggiù. Possiamo suonare sul tetto del furgone.

Connor stava ancora esitando, ma vidi che l'espressione del suo viso era cambiata.

–E potremmo invitare altre band –disse Davy. –
Conosco alcuni ragazzi di quell'università che suonano.

–Noi, –disse Janey, la ragazza con gli **occhiali** –
potremmo disegnare una **locandina** per le università.
Come una specie d'invito.

Poi Janey si tolse gli occhiali e mi guardò. Anche lei
era bella. Il suo entusiasmo mi **diede coraggio** per
organizzare un concerto **all'aria aperta**. Nel 1965
nessuno lo aveva mai fatto. Solo alcuni gruppi jazz
suonavano all'aperto, ma era raro.

–Tu pensi alla velocità del **fulmine**, Frankie, ma forse
è una buona idea –disse infine Connor.

Da allora mi chiamarono Lightning Frankie.

Quel pomeriggio, quasi 300 persone assistettero al
concerto. Più persone che in qualsiasi luogo chiuso
dove avevano mai suonato. Anche altre due rock
band suonarono un set acustico quel pomeriggio. Fu
incredibile!

Eravamo la band principale del concerto. Suonammo
dopo i **gruppi spalla**, quando già era notte.

–Signore e signori, ecco a voi Connor and the Bakers!

–Uno, due, tre…

E la musica iniziò. Connor fu pazzesco quella notte.
Quello fu il primo festival rock della storia. Poi ce ne
sarebbero stati molti altri: Monterey, Woodstock, ma
quel pomeriggio del 1965 noi facemmo la storia.

Nel 1969 **registrammo** un disco. Connor lasciò la band nel 1970. Davy e Billy trovarono un altro cantante, ma non era più lo stesso.

Io mi sposai con Janey, la ragazza con gli occhiali. Oggi abbiamo tre figli e sette nipoti.

Chiamai Harry, il **titolare** dell'officina, per dirgli che mi sarei sposato.

–Non è incredibile? –gli dissi. –È successo tutto dopo aver rincorso quel furgone.

–Ragazzo, –mi disse Harry –Sono stato io a dirgli di invitarti.

Annesso al capitolo 3

Riassunto

Frank non può riparare il furgone perché non ha le parti di ricambio. Connor si arrabbia perché non potranno fare un concerto importante. Frank propone una soluzione: fare il concerto proprio lì, all'aperto. Alice e Janey vanno all'università e annunciano il concerto agli studenti con un cartello. Più di 300 persone partecipano al concerto all'aperto. Anni dopo, Connor and the Bakers incidono un disco e, più tardi, il gruppo si scioglie. Frank si sposa con Janey e hanno tre figli.

Vocabolario

bruciato burnt

andato gone, broken

dare un'occhiata to have a look

pezzi di ricambio spare parts

essere fuori di testa to be bonkers

la cosa non è così tragica things are not so bad

casa discografica record company

ottenere to obtain

L'idea era che... The idea was that...

portare in spalla to carry on one's shoulder

asino donkey

sembrare triste to look sad

Era colpa mia. It was my fault.

erba grass

essere sul punto di to be about to

occhiali glasses

locandina flyer

dare coraggio to give courage

all'aria aperta in the open air

fulmine lightning
gruppi spalla backing bands
registrare to record
titolare owner

Domande a risposta multipla

11) Frank dice che non può riparare il furgone perché ___
   a. non ha i pezzi che gli servono.
   b. non ha soldi.
   c. non sa quale sia il problema.
   d. non sanno dove sono.

12) Chi inizia a piangere?
   a. Frank
   b. Connor
   c. Alice
   d. Janey

13) Frank è particolarmente ferito dalle parole di ___
   a. Connor.
   b. Davy.
   c. Alice.
   d. Janey.

14) Quale soluzione propone Frank quando il furgone si guasta?
   a. fare il concerto proprio lì
   b. chiamare il talent scout e dirgli che faranno un altro concerto
   c. rilassarsi e mangiare le torte
   d. trasportare gli strumenti con l'aiuto di un asino

15) Connor and the Bakers ___
    a. furono il gruppo spalla del concerto all'aria aperta.
    b. incisero quattro dischi.
    c. rimasero uniti per più di dieci anni.
    d. furono la band principale del concerto all'aperto.

L'erba di piume

Capitolo 1 — La figlia del re

Il mio nome è Valente. In altri tempi, ero un mercante che viaggiava **spesso** in terre lontane. Nei miei viaggi, mi sono spinto oltre i due grandi fiumi dell'Asia, oltre i deserti che si trovano a est di quei fiumi.

Quando ero un mercante, mi capitò di **dover scappare** da diverse cittadine perché gli abitanti mi **tiravano** pietre. Le donne mi chiudevano le finestre in faccia quando cercavo di parlare con loro. Sui passi di montagna, i **ladri** mi aggredirono molte volte e gli animali **feroci** mi facevano tremare dalla paura durante le notti trascorse a viaggiare **attraverso** i boschi. Spesso, piogge torrenziali **rovinavano** la mia **mercanzia**, lasciandomi senza nulla da vendere fino alla rovina.

Una notte tempestosa, viaggiando attraverso il nord Europa, arrivai in una città chiamata Groe-Fiels, che nella lingua di quella regione significa "Roccia Bianca". Il nome deriva da una **scogliera** dove ci sono molte rocce bianche a forma di ossa. La pesca era buona lì, ma molti uomini avevano perso la vita sulle scogliere di Groe-Fiels.

Non avevo quasi più alcuna moneta nella borsa, ma portavo a cavallo un sacco pieno di oggetti di valore. Ero lontano dalla rotta mercantile perché mi ero perso durante la tempesta. Un antico re aveva costruito la rotta mercantile, ma **si era dimenticato** di Groe-Fiels. La città non compariva sulla mappa.

Quando la pioggia **cessò**, vidi in lontananza un castello con un'unica grande **torre** e molte case intorno. In sella al mio cavallo presi quel cammino dove incontrai un altro **viaggiatore** a cavallo. Aveva una **cassa** con sé. Il viaggiatore era ben vestito e il suo cavallo era bianco ed elegante. La dignità della sua postura mi incuriosì. Mi avvicinai per chiedergli il nome di quel posto. Il mio successo come commerciante dipendeva dal saper parlare con la gente, dall'avere amici in ogni città e dalla capacità di capire i bisogni delle persone.

–Salve, viaggiatore –gli dissi. –Come si chiama questo posto?

–Salve, **forestiero**. Cosa ti porta qui?

–Sono un mercante. Come si chiama questo posto? –insistetti.

–Groe-Fiels. Vedo che non sei di queste parti.

–Vedi bene. Sei un mercante come me?

–No. Io pratico la medicina.

–Un **guaritore**? Che mi venga un colpo! Ho visto la cassa e ho pensato che fosse piena di gioielli o di stoffa, qualcosa da vendere in città.

–No, non c'è niente da vendere. Sono un guaritore di un'altra città. Mi hanno chiamato a Groe-Fiels perché hanno un problema. Il re sta morendo di tristezza.

–Che gli succede?

–La principessa è malata e nessuno è ancora riuscito ad aiutarla. Io ho detto loro che se nessuno è stato in grado di curarla fino ad ora, probabilmente non ci riuscirò nemmeno io. Ma le guardie del re mi hanno **minacciato** di mettermi in **prigione** se non avessi provato a curare la principessa.

–Che malattia ha? –domandai.

Chissà, forse avrei potuto aiutarla... In fondo, nei miei tanti viaggi avevo visto e imparato tante cose. Nella mia borsa avevo piante e fiori che guarivano.

–Ha la malattia del "non-sonno". La principessa non riesce a dormire. Però questa non è la parte peggiore. Il re è diventato **pieno di rabbia** e crudele a causa della malattia di sua figlia. Il popolo è stanco. La gente ha paura.

–È una malattia? –chiesi **stupito**. –Il non dormire?

–Prova a rimanere sveglio per una settimana, due settimane, tre settimane. E poi mi dirai se è una malattia o meno –rispose l'uomo. –Ci sono persone che soffrono di questo problema e ho diversi rimedi per curarlo.

–Sono nuovi rimedi?

–Sono rimedi per dormire. **Orzo**, **menta**, foglie di limone e altre cose che fanno bene alle malattie legate alla testa. Ma perché ti interessa questo?

–E cosa succede se guarisci la principessa? –domandai.

–Allora, amico mio, potrò vivere nel castello con il re e la regina, mangiare bene ogni giorno, dormire al caldo ogni notte e non preoccuparmi più.

–Ti piacerebbe questo? –domandai.

–A chi non piacerebbe? Tu, ad esempio, non dovresti più andare a cavallo di regno in regno, non dovresti più preoccuparti di vendere i tuoi prodotti.

–A me piace viaggiare –dissi.

Dopo non dissi altro. Restammo in silenzio per un bel po'. Cavalcammo fino all'ingresso della città. Cercai un grande albero, **legai** lì il mio cavallo e iniziai a scaricare la mia merce. Il guaritore mi guardò incuriosito.

–Vuoi venire con me?

–No, devo vendere la mia merce, non ho niente da mangiare per oggi.

–Lascia che ti aiuti a scaricare la mercanzia.

Quando finimmo di scaricare le varie cose, l'uomo mi disse che doveva andare al castello.

–Il re mi sta aspettando.

–Buona fortuna.

–Ti auguro lo stesso, forestiero.

Sfinito, alla fine della giornata, camminando per i **vicoli stretti** vidi un'osteria. Avevo fame e sete, così entrai e mi sedetti. Dentro c'erano molti uomini, e stranamente c'era anche una donna.

–Cosa prendi, forestiero?

–**Sidro**, per favore.

–Sono tre **monete di rame**.

Rimasi in attesa della mia bevanda guardando la donna dall'**aspetto** strano. Stava parlando a bassa voce con un uomo dalla barba rossa. La donna aveva lunghi capelli ricci e la **pelle rugosa**. Anche la sua voce era peculiare. Mentre bevevo il sidro, ascoltai la conversazione.

–La principessa è sempre malata? –chiese l'uomo.

–Sì –rispose la donna–, nessuno può curarla, perché nessuno conosce il rimedio. Io una volta ho avuto quella malattia.

–Donna, dammi il rimedio –disse l'uomo prendendola per il braccio.

–Non ce l'ho, non ce l'ha nessuno. Si deve andare lontano per trovarlo.

–E che cos'è?

–Se te lo dico, mi lascerai in pace?

–Sì, dimmelo e ti lascerò in pace.

–Erba di piume.

–Che sarebbe?

–Si chiama così: erba di piume. Cresce nel deserto. A volte la portano i mercanti che percorrono la rotta.

La donna si alzò e uscì dalla taverna. Il mio cuore iniziò a battere forte. Un senso di gioia attraversò il mio corpo. L'erba di piume era nella mia borsa della merce!

Uscii dalla taverna, andai verso il mio cavallo e guardai nel mio sacco. Disperato, mi resi conto che l'erba di piume era sparita. Poi mi ricordai del guaritore che mi aveva aiutato a tirare fuori la merce dalla borsa. Mi aveva derubato! Che stupido!

Entrai per dire alla donna quello che sapevo, e per dirle che se avessi potuto riavere la mia merce, e lei avesse saputo usare l'erba di piume, forse avremmo potuto guarire la principessa.

Il tavolo della donna era vuoto. Uscii per strada, guardai a destra e a sinistra. Niente. Non la vidi da nessuna parte.

Dovevo ritrovarla.

Annesso al capitolo 1

Riassunto

Valente è un mercante che viaggia per il mondo vendendo la sua mercanzia. Un giorno arriva nella cittadina di Groe-Fiels. Lungo il cammino conosce un guaritore che gli dice che il re è disperato perché la principessa di Groe-Fiels ha la malattia del non-sonno, e nessuno è ancora riuscito a guarirla. Il guaritore aiuta Valente a scaricare la sua merce e poi si salutano. Valente entra in una taverna e sente dire a una donna che la cura per la malattia della principessa è l'erba di piume. Lui ha l'erba di piume tra la sua merce. Tuttavia, quando la cerca nella sua sacca, si rende conto che gli è stata rubata.

Vocabolario

spesso often
dover scappare to have to run away
tirare to throw
ladro robber
feroce wild
attraverso across
rovinare to damage
mercanzia goods
scogliera cliff
dimenticarsi di to forget
cessare to stop
torre tower
viaggiatore traveller
cassa trunk
forestiero stranger
guaritore healer
minacciare to threaten

prigione jail
pieno di rabbia full of anger
stupito astounded
orzo barley
menta mint
legare to tie
sfinito exhausted
vicoli stretti narrow lanes
sidro cider
monete di rame copper coins
aspetto appearance
pelle rugosa wrinkled skin

Domande a risposta multipla

1) Il nome "Groe-Fiels" significava ___
   a. scogliera rocciosa.
   b. roccia bianca.
   c. ossa bianche.
   d. buona pesca.

2) Valente era un bravo mercante perché ___
   a. sapeva quello di cui la gente aveva bisogno.
   b. parlava molte lingue.
   c. la sua mercanzia era di grande valore.
   d. amava viaggiare.

3) Perché il guaritore è atteso a Groe-Fiels?
   a. Perché il re stava per morire.
   b. Perché il re non riusciva a dormire.
   c. Perché la principessa era molto triste.
   d. Perché la principessa era malata.

4) La donna nella taverna dice che nessuno può guarire la principessa perché ____
   a. non sanno preparare il rimedio.
   b. non hanno l'ingrediente necessario.
   c. la principessa non vuole bere il rimedio.
   d. qualcuno aveva rubato il rimedio.

5) Quando Valente si rende conto di non avere l'erba di piume, pensa che gli sia stata rubata ____
   a. dalla donna.
   b. dall'uomo che parlava con la donna.
   c. dal guaritore.
   d. dal cameriere.

Capitolo 2 — La maga

Dov'era la donna misteriosa? Lei aveva bisogno dell'erba di piume che il guaritore mi aveva rubato. Io avrei potuto dirle dove trovarla. Non doveva viaggiare in qualche parte lontana del mondo, a molti mesi di distanza, ma avrebbe potuto trovarla qui vicino.

Lei, solo lei, sapeva come usarla. E forse avrebbe potuto guadagnare più di una moneta di rame. Forse avrebbe potuto vivere nel castello di Groe-Fiels.

Io ero ancora per strada, in cerca della donna misteriosa, quando un uomo mi passò davanti. Era l'uomo dalla barba rossa che avevo visto nella taverna.

–Chiedo scusa, buonuomo –dissi. –sto cercando la donna con cui stavi parlando alla taverna.

–Mi spiace, non ho visto nessuna donna alla taverna.

–Ma ti ho visto parlare con lei.

–**Va' a farti un giro**, forestiero!

Sarebbe stato più difficile di quanto avessi pensato. Allora mi venne un'idea. Tornai al mio cavallo e presi una grossa **tela** di **seta**. Era la mia mercanzia più pregiata. La portai dall'uomo dalla barba rossa.

–Aspetta, buonuomo.

–Ti ho detto che non lo so –brontolò.

–Guarda questo –gli dissi mostrandogli la seta. –Sarà tua se mi dirai dove trovare la donna dell'osteria.

L'uomo prese la stoffa e sorrise. Era senza denti.

–Mi chiamo Boris –disse. –Vieni con me a casa mia.

Camminai con Boris per qualche minuto fino **al di fuori** della cittadina. La sua casa era vicina alle rocce bianche. Viveva solo, con qualche **capra** e qualche **gallina**. Sistemò la stoffa sotto il letto e chiuse la porta. La sua casa odorava di legno, birra e pesce.

–Ebbene? Lei dov'è? –chiesi. –Io ti ho dato la seta. Potrai venderla e guadagnarci diverse monete o scambiarla per un cavallo.

–Perché la cerchi? –mi chiese Boris.

–**Questi sono affari miei** –risposi. –Ho visto che parlavi con lei alla taverna. Come si chiama? Dove vive?

–Non ti dirò dove si trova se non mi dici perché la cerchi.

–Vi ho sentito parlare della figlia del re, che è malata. Lei sa come curarla. Io so dove può trovare l'ingrediente per il rimedio.

Boris si sedette, si **accarezzò** la barba e mi **fissò**.

–Qual è il tuo lavoro?

–Sono un mercante. Vengo da lontano.

–Questo lo so. Lo vedo dai tuoi occhi. E il tuo nome è...?

–Valente.

–**Sembra** un nome da **guerriero**, più che da mercante.

–Lo so, ma non l'ho scelto io il mio nome. Dove posso trovare la donna?

–Ah, la donna! –disse Boris sorridendo. –Allora, ascoltami, Valente. La donna che stai cercando si chiama Anima, ed è una **maga**.

Io non mi scomposi.

–Da dove vengo io, non crediamo alle **streghe** – dissi. –Ascolta, forse possiamo aiutare la principessa. Se curiamo la principessa, il re ne sarà felice. Ed è meglio per un popolo avere un re felice che un re **miserabile**. Non vorresti che il re fosse felice?

–Va bene –disse dopo un lungo silenzio. –Se vuoi vedere Anima, non devi andare lontano. Fermati a dormire. Lei verrà stanotte.

Boris e io parlammo fuori dalla casa finché la luna non fu alta nel cielo. Era una notte **temperata** e si sentiva il rumore delle **onde**. Non ricordo quando mi addormentai. Quando aprii gli occhi, Anima era in piedi davanti a me. La luna **brillava** sopra la sua testa.

Mi alzai subito in piedi, un po' spaventato.

–Non temere –disse. –Sono Anima. Di cosa volevi parlarmi?

Guardai verso il mare. Boris stava pescando illuminato dal riflesso della luna.

–Sta pescando ora?

–È il momento migliore –sorrise Anima. –Che cosa volevi dirmi, forestiero?

–Ti ho sentito parlare nella taverna della figlia del re –dissi. –Donna, ho quello che ti serve per guarire la principessa. Nella mia borsa avevo l'erba di piume. Ma un uomo, un guaritore con un cavallo bianco, me l'ha rubata.

–Che disgrazia!

–Però so dove trovarlo. Quando ci siamo salutati, mi ha detto che sarebbe andato al castello per cercare di guarire la principessa. Sono certo che è lui il ladro. Mi ha rubato anche altre cose.

–Pensi che sia al castello?

–L'ho visto andare lì con il suo cavallo. Se mi accompagni, potrai guarire la fanciulla e io potrò riavere le mie cose.

Quando Anima apprese che sarebbe potuta entrare nel castello, sembrò sorpresa.

–Al castello non mi vogliono –disse tristemente.

–Coraggio! Sono sicuro che ti accoglieranno a braccia aperte quando scopriranno che puoi guarire la fanciulla.

–Va bene, con te forse potrò entrare.

–E potremo anche aiutare il guaritore. Secondo quello che mi ha detto, se non riesce a guarire la principessa, lo sbatteranno in prigione. Il re non lo perdonerà.

–Lo so –disse. –Il re è disperato, lo sanno tutti.

Detto questo, Anima si voltò e si diresse verso il mare. Boris stava pescando. La pesca era molto abbondante. Le **reti** erano piene.

–Anima, andiamo al castello, ti prego –dissi. –Non ci costa nulla tentare.

–Verrò con te al castello e guarirò la fanciulla, se davvero hai l'erba di piume. Ho qualcosa da chiedere al re.

Annesso al capitolo 2

Riassunto

Valente cerca la donna della taverna ma non riesce a trovarla. Inoltre, deve recuperare l'erba di piume. Trova Boris, l'uomo che ha parlato con la donna nella taverna. Boris lo porta a casa sua e lì aspettano la donna. La donna si chiama Anima ed è una maga. Valente dice ad Anima che sa dove trovare l'erba di piume: il guaritore gliel'ha rubata. Decidono di recarsi al palazzo.

Vocabolario

Va' a farti un giro. Take a hike.

tela cloth

seta silk

al di fuori outside

capra goat

gallina chicken

Questi sono affari miei. That's my business.

accarezzare to stroke

fissare to stare at

sembrare to sound like

guerriero warrior

maga sorceress

strega witch

miserabile unhappy

temperato mild

onda wave

brillare to shine

rete net

Domande a risposta multipla

6) Perché Valente doveva trovare la donna?
   a. Perché lei gli aveva rubato l'erba di piume.
   b. Perché lei sapeva dove trovare l'erba di piume.
   c. Perché lei sapeva come utilizzare l'erba di piume.
   d. Perché lei sapeva dove trovare il guaritore.

7) In che modo Valente convince Boris a dirgli della donna?
   a. Gli offre un cavallo.
   b. Gli dà diverse monete.
   c. Gli offre una birra.
   d. Gli dà una tela di seta.

8) Boris dice che Anima è ___
   a. una strega.
   b. molto potente.
   c. una persona miserabile.
   d. una maga.

9) Quando Valente dice che sarebbero andati nel castello, Anima sembra ___
   a. arrabbiata.
   b. triste.
   c. sorpresa.
   d. felice.

10) Valente dice che forse potranno ___
   a. vendicarsi del guaritore.
   b. rubare al re.
   c. aiutare il guaritore.
   d. perdonare il guaritore.

Capitolo 3 — L'erba di piume

Al mattino presto, Anima ed io raggiungemmo il **ponte** del castello. Una **guardia** ci fermò.

–Guardia, lasciaci passare. Abbiamo un rimedio che può salvare la principessa.

–Chi sei, forestiero? –gridò la guardia. Altre guardie osservavano da lontano.

–Il mio nome è Valente e lei è...

–So chi è lei –disse. –È una maga. Che ci fa qui?

–Te l'ho appena detto, ho il rimedio per curare la figlia del re e lei sa come prepararlo. Se ci lasci passare, farai felice il re.

La guardia sembrò interessata alle mie parole. Annuì e ci aprì la porta.

–Ora dobbiamo trovare il guaritore –dissi a voce bassa.

–Ha ciò che mi **appartiene**.

Entrammo nel salone. Il monarca fissò la maga e poi me. Sembrava **infastidito**.

–Oh, **potente** sovrano –dissi **inginocchiandomi** a terra–, siamo in grado di curare tua figlia dalla malattia del non-sonno. Questa donna sa come preparare il rimedio e io so dov'è l'ingrediente.

Quando gli raccontai la mia storia, **sospirò** e agitò la mano.

–Andate, dunque, e guarite mia figlia immediatamente. Se **fallirete**, morirete in prigione.

–Prima di poter far questo, potente re, devo riprendermi ciò che è mio. Il guaritore che è venuto su un cavallo bianco mi ha rubato l'erba di piume di cui questa donna ha bisogno per preparare la medicina.

–Quell'uomo è in prigione. Vuoi avere la sua stessa sorte?

–Mio re, sono certo che questa donna saprà come preparare il rimedio con le mie erbe –dissi, **indicando** Anima.

La maga guardava a terra. Il re non poteva vederla in faccia.

–Va bene, che le guardie vadano in prigione e prendano l'erba di piume di cui ha bisogno questo forestiero.

Quando le guardie tornarono con l'erba, la donna preparò il rimedio e poi andammo nella stanza della principessa. Lì c'era la regina. La ragazza era in pessime condizioni. Tutto il suo corpo tremava, **sudava**, i suoi occhi erano spalancati. Era in uno stato di grande agitazione nervosa. La stanza era **al buio** perché credevano che la luce facesse male alla fanciulla.

Anima si avvicinò con un bicchiere pieno del rimedio. Era un liquido nero. Il re la fermò.

–Un momento, maga –disse la regina.

–Vuoi che tua figlia guarisca o no?

La regina la guardò con una faccia piena d'**odio**, ma notò che sua figlia, solo con l'odore di quel liquido, cominciava già a chiudere gli occhi. Il re sorrise per la prima volta dopo tanto tempo.

–Va bene. Continua! Daglielo! –disse il monarca.

–Aspettate! –gridai.
–Ora che succede?

Con un movimento rapido, afferrai il bicchiere dalle mani di Anima e feci un passo indietro.

–Re, devi prima promettermi che mi darai quello che ti chiedo. Solo io so dove cresce l'erba. Solo io conosco quel deserto lontano. **Giura solennemente** che mi darai ciò che chiedo!

Il re, disperato, annuì.

–Giuro sulla mia vita che ti darò quello che chiedi.

Anima portò il liquido alle labbra della principessa. Passarono alcuni istanti e la fanciulla cominciò a **balbettare** e a dire cose senza senso. Poi, chiuse finalmente gli occhi. Un minuto dopo dormiva profondamente. Il re abbracciò la regina con entusiasmo.

Anima guardò la principessa e disse:

–Il mio lavoro qui è finito.

–Non vuoi la tua **ricompensa**? –chiese il re.

–Non voglio **oro**. Voglio solo baciare questa fanciulla che conosco così bene. Non la vedo da molti anni.

La maga baciò la ragazza e l'accarezzò. Potevo vedere una grossa **lacrima** scenderle sul **viso**.

La regina **rimase** in silenzio. Essendo un uomo molto intelligente, capii che c'era un passato che univa i regnanti, la maga e la principessa.

Ma questo non m'importava. Un giorno, qualcuno avrebbe avuto il tempo di scrivere quella storia. E anche la mia. La storia di quello che successe dopo.

–E tu, forestiero? Qual è il prezzo del tuo servizio? – chiese il re.

–Pagami solo il prezzo dell'erba di piume.

–Qualunque esso sia. L'ho giurato. Qual è il suo prezzo?

–Tutto ciò che vale il tuo regno: la tua corona, il tuo castello, le tue terre, i tuoi uomini e i tuoi **granai**.

Il monarca rimase pietrificato.

Adesso sono io il re di Groe-Fiels.

Annesso al capitolo 3

Riassunto

Valente e Anima vanno al palazzo, ma Anima non è la benvenuta. Valente convince la guardia e, alla fine, li lasciano entrare nel palazzo. Valente dice al re che sono in grado di guarire sua figlia, ma hanno bisogno dell'erba di piume. Le guardie recuperano l'erba di piume che il guaritore gli aveva rubato. Anima prepara il rimedio. Valente dice al re che deve promettergli di dargli tutto ciò che gli chiederà se sua figlia guarirà. Il re lo promette. Con il rimedio, la principessa finalmente si addormenta. Valente chiede al re di dargli tutto quello che possiede.

Vocabolario

ponte bridge
guardia guard
appartenere to belong
infastidito annoyed
potente powerful
inginocchiarsi to kneel
sospirare to sigh
fallire to fail
indicare to point to
sudare to sweat
al buio in the dark
odio hatred
giurare to swear
solennemente solemnly
balbettare to babble
ricompensa reward
oro gold
lacrima tear

viso face
rimanere to remain
granaio grain store

Domande a risposta multipla

11) In che modo Valente convince la guardia a lasciarli entrare nel castello?
   a. Gli offre l'erba di piume.
   b. Gli offre un pezzo di seta.
   c. Gli dice che faranno felice il re.
   d. Gli dice che ha l'erba di piume.

12) Il re dice che il guaritore è ___
   a. in carcere.
   b. con sua figlia.
   c. fuori dal castello.
   d. morto.

13) I regnanti non si fidano della maga, ma acconsentono che dia il rimedio alla figlia perché ___
   a. Valente sembra una persona affidabile.
   b. vedono che la principessa inizia a chiudere gli occhi.
   c. sanno che l'erba di piume guarirà la principessa.
   d. Valente promette loro che farà di tutto per guarire la principessa.

14) Cos'ha voluto Anima come ricompensa per aver curato la principessa?
   a. oro
   b. poter baciare la principessa
   c. un cavallo bianco
   d. vivere al castello

15) Cos'ha chiesto Valente come ricompensa per aver fatto guarire la principessa?
   a. di poter baciare la principessa
   b. il prezzo in oro dell'erba di piume
   c. di sposare la principessa per diventare re
   d. tutto quello che il re possedeva

Appuntamento al buio

Capitolo 1 — L'appuntamento

Laura salutò Enrico e gli disse che questo sarebbe stato il loro ultimo appuntamento. Infilò la mano nella borsa, tirò fuori il cellulare e cancellò l'app di incontri. Sarebbe rimasta single per sempre, aveva deciso così.

Con un sorriso triste, percorse Via Maqueda a Palermo. "Ho chiuso per sempre con gli appuntamenti su Internet", si disse mentre tornava a casa.

Quella notte dormì come un sasso. Sentì di **essersi tolta un peso dalle spalle**.

Però, il giorno dopo era di nuovo di cattivo umore. Aveva mal di testa. Entrò nel solito ristorante, ordinò una spremuta d'arancia e aspettò la sua amica Cecilia.

Cecilia arrivò in ritardo, **come al solito**.

–Sei in ritardo di venticinque minuti –le disse Laura, guardando l'orologio. –Non ho tutto il giorno per te.

–Scusami –rispose Cecilia, una donna della sua stessa età, con una borsa **enorme**. –Il bambino **s'è svegliato ammalato** e la direttrice della scuola si è rifiutata di ammetterlo questa mattina. Sono dovuta andare a prendere la nonna da casa sua perché gli badasse.

–Capisco –disse Laura sorseggiando la sua spremuta.

–E tuo marito non può occuparsene?

Cecilia **alzò lo sguardo**, con un **giocattolo** in mano, e si mise a ridere.

–Valerio? Non sai quello che dici. Inizia a lavorare alle sette del mattino. Ad ogni modo, sarebbe più facile **cavar sangue da una rapa**. Valerio può andare nei boschi e cacciare i **cinghiali**, ma non sa come **cambiare un pannolino**.

Laura guardò Cecilia senza sapere cosa dire. La sua amica **sembrava** stanca, ma era felice. Il suo sguardo rifletteva la pace della vita familiare.

–Lo so, tuo marito, i bambini. Non so cosa dire. Mi dispiace? –disse infine Laura, alzando le spalle.

–Nonostante quello che pensi –disse Cecilia con un sorriso– il matrimonio è una cosa bella. I bambini, il Natale, le recite scolastiche... Anche tu dovresti...

–Ho rinunciato agli appuntamenti –interruppe Laura. –Ieri ho avuto l'ultimo appuntamento della mia vita. Morirò da sola.

Cecilia rise e **scosse** la testa. Era pensierosa, mangiò una fetta di torta che aveva ordinato e prese la mano dell'amica.

–Volevo parlarti proprio di questo. Ho l'uomo perfetto per te.

–Non capisco niente se parli **con la bocca piena**. Finisci di mangiare.

–Un appuntamento, un uomo –disse Cecilia. –Ho il ragazzo che fa per te.

–**Scordatelo!** –rispose Laura. –Sono stanca di giocare. Non voglio più uscire con nessuno.

–No –rispose Cecilia–, ascoltami bene. Ho un amico molto affascinante. È appena arrivato da Bologna, è single e **non è male di aspetto**. Tu e lui sareste una bella coppia, **me lo sento**!

–Se lo dici tu! –disse Laura senza mostrare alcun interesse. –Cos'è che lo rende diverso da tutti gli altri uomini? Sono tutti uguali! Alcuni più alti, altri più bassi, ma alla fine...

–No, lui è diverso. Ha un eccellente senso dell'umorismo e ha un buon lavoro. Ti piacerà.

–Hai intenzione di mangiare tutta quella torta?

–E perché no? –rispose Cecilia con la bocca piena. –Allora, posso organizzarti un **appuntamento al buio**?

–Te l'ho detto che sono stanca di uscire con gli uomini...

Alla fine, Laura finì per dire sì alla proposta dell'amica.

Sabato pomeriggio Laura stava camminando lungo Via Maqueda in cerca di un piccolo bar. "Eccomi di nuovo qui", pensò rassegnata. Cecilia le aveva promesso che quest'appuntamento sarebbe stato diverso.

Laura aveva i **capelli sciolti** e al naturale. Aveva comprato un lungo vestito bianco, più un foulard da abbinare alla sua borsa. "Alla fine, sarà questo il mio ultimo appuntamento. Non si dica che sono arrivata mal vestita".

E in quanto all'uomo misterioso...

La sua amica le aveva promesso che Leonardo, l'uomo misterioso, era simpatico, **spiritoso** e originale. Le aveva giurato che era bello, lavoratore, ma soprattutto che il loro appuntamento sarebbe stato divertente.

Divertente... "Forse mi porterà al circo", pensò Laura.

Laura attraversò l'ultima strada e vide il locale: "Agnello Hornby". Bel nome per un caffè letterario. Si sistemò i capelli ed entrò per incontrare Leonardo.

Guardò a destra e a sinistra. Cecilia le aveva detto di cercare un uomo leggermente più anziano, di circa 55 anni, con **capelli bianchi**, abito grigio, un cappello e un **fiore all'occhiello**. "So che suona antiquato, ma rimarrai sorpresa", le aveva detto Cecilia.

E in piedi, da sola, in mezzo al caffè letterario Agnello Hornby, Laura **fece un sospiro**. Il posto era vuoto. L'uomo misterioso non era ancora arrivato.

Si armò di pazienza, si sedette a un tavolino dove c'era un **vaso** di fiori, vicino alla finestra. Questo Leonardo non era puntuale. L'appuntamento cominciava male.

Alle 6:05 Laura sentì qualcuno aprire la porta del bar.

Annesso al capitolo 1

Riassunto

Laura decide che ha chiuso con gli appuntamenti su Internet; resterà single per sempre. Tuttavia, la sua amica Cecilia le dice che conosce un ragazzo perfetto per lei e le organizza un appuntamento al buio con lui. Cecilia promette a Laura che Leonardo è un uomo simpatico, spiritoso e originale. Quando Laura arriva al caffè letterario per l'appuntamento, Leonardo non è lì.

Vocabolario

essersi tolta un peso dalle spalle to have a weight lifted off her shoulders

come al solito as usual

enorme huge

s'è svegliato ammalato he woke up ill

alzare lo sguardo to look up

giocattolo toy

cavar sangue da una rapa to draw blood from a stone

cinghiali wild boars

cambiare un pannolino to change a nappy

sembrare to seem to be

scuotere to shake

con la bocca piena with your mouth full

Scordatelo! Forget it!

non è male di aspetto he's not bad looking

me lo sento I feel it!

appuntamento al buio blind date

capelli sciolti hair down

spiritoso humorous

capelli bianchi white hair

fiore all'occhiello buttonhole flower

fare un sospiro to sigh

armarsi di pazienza be patient

vaso vase

Domande a risposta multipla

1) Cecilia ___
   a. è felice della sua vita familiare.
   b. è divorziata.
   c. non è felice.
   d. è molto stressata.

2) Cosa risponde Cecilia quando Laura le dice che non vuole più appuntamenti?
   a. Che la capisce.
   b. Che ha un ragazzo per lei.
   c. Che morirà sola.
   d. Che tutti gli uomini sono uguali.

3) Cecilia promette a Laura che Leonardo è, soprattutto, ___
   a. creativo.
   b. alto.
   c. un gran lavoratore.
   d. divertente.

4) Quanti anni ha Leonardo, secondo Cecilia?
   a. 18
   b. 33
   c. 55
   d. 60

5) Perché Laura pensa che l'appuntamento sia iniziato male?
   a. Perché Leonardo è in ritardo.
   b. Perché Leonardo è molto all'antica.
   c. Perché Leonardo è più vecchio.
   d. Perché non le piace il posto dell'appuntamento.

Capitolo 2 — Una lunga attesa

Un uomo sulla sessantina aprì la porta del bar. Aveva un giornale sotto il braccio e degli occhiali **buffi**. "È troppo vecchio", pensò Laura. **Si morse le labbra**, ma poi si tranquillizzò. L'uomo non indossava un abito grigio né aveva un fiore all'occhiello. Indossava vestiti sportivi e si andò a sedere a un altro tavolo senza guardare nessuno.

Il cameriere si avvicinò a Laura.
–Aspetta qualcuno? O vuole ordinare?
Il cameriere era incredibilmente giovane, sui 18 anni. "Sicuramente mi vede come se fossi una donna anziana", pensò Laura, e rise dei **suoi stessi pensieri**.
La verità è che, a 33 anni, era una donna molto bella, ma con poca fortuna in amore.
–Sto aspettando qualcuno –disse, sperando che Leonardo non le **desse buca**.
–È sicura? –chiese il cameriere. –Perché se vuole…
–Certo che sono sicura! –rispose Laura infastidita. –Perché dovrei dire che aspetto qualcuno se non è così?
Il cameriere se ne andò e tornò più tardi con un bicchiere d'acqua.
–Signora, mi scusi per prima –disse. –Avevo dimenticato l'acqua. Vuole che le porti qualcosa?

Laura fece un sospiro e decise di non arrabbiarsi se il cameriere l'aveva chiamata "signora". E per di più le aveva portato un bicchiere d'acqua, come se lei stesse per morire di infarto proprio lì.

La cosa migliore era prenderla con umorismo. Un giorno anche lui avrebbe compiuto 33 anni. Allora se ne sarebbe reso conto.

–Solo un tè verde –gli disse e mise da parte il menù.

Le foto nel menù di alcuni dolci la ispiravano. Avrebbe potuto mangiare un'intera torta prima che quel misterioso Leonardo, l'uomo con il cappello e il fiore all'occhiello, si facesse vivo.

–Un tè verde. Lo porto subito. Con zucchero o senza?

–Con zucchero. La signora non è a dieta –rispose Laura, con sarcasmo. –Prendo anche una **fetta** di torta.

–Subito, signora.

Laura guardò l'orologio. Erano le 6:20. Il sole stava tramontando. Di Leonardo neppure l'ombra. **Che maleducazione** arrivare con venti minuti di ritardo a un appuntamento!

La porta si aprì di nuovo. Questa volta si trattava di un gruppo di donne con dei libri in mano. Si sedettero a un tavolo più grande vicino a Laura. Sembravano avere tutte una **copia** dello stesso libro. Ordinarono un caffè e iniziarono a parlare del romanzo. Era chiaro che si trattava di un **gruppo di lettura** per donne.

Per non **sentirsi a disagio**, Laura tirò fuori il tablet dalla borsa e iniziò a leggere un e-book: *Come essere single e felici?*

Sorseggiò dalla sua tazza di tè verde e finse di essere molto concentrata.

–Hai visto quella ragazza, Monia? –disse una delle donne. –Sembra una persona sola. Non capisco perché le ragazze d'oggi non vogliano più sposarsi.

–Hai ragione, Barbara. Alla sua età, io avevo già due figli a scuola.

Laura sentì il tè bruciarle lo stomaco. Guardò l'orologio: 6:45. In un'altra circostanza, se ne sarebbe già andata. Però questa era diventata una questione d'onore adesso. Doveva aspettare il misterioso Leonardo e farsi vedere dalle donne del circolo del libro e dal cameriere.

Alle 6:50 prese il cellulare e chiamò la sua amica Cecilia.

–Pronto!

–Che mi dici del tuo amico? Sono al bar, da sola, sto aspettando…

–Non è arrivato?

–**Sto per** andarmene a casa e…

–Aspetta, ti richiamo. Non ti muovere.

Cecilia non la lasciò parlare.

Laura era stanca di aspettare e si alzò per andarsene quando sentì il suono di diverse sirene della polizia fuori dal caffè letterario. Poi passò un'ambulanza.

–Cos'è tutto questo rumore là fuori?

–Credo che **abbiano rapinato** la banca –disse il cameriere guardando in fondo alla strada.

La porta si aprì.

Laura si aspettava di vedere l'amico di Cecilia: un uomo più anziano, sui 55 anni, con i capelli bianchi e un vestito vecchio stile. Però non era Leonardo.

Due poliziotti entrarono nel caffè "Agnello Hornby". Avevano le mani sulle pistole. Tutti i clienti rimasero **immobili**. Per un attimo si sentì solo il **respiro** dei presenti.

–Eccola –disse uno dei poliziotti guardando verso Laura. –È la giusta descrizione.

–Non si muova.

–Che succede? –chiese Laura.

–Venga con noi. Lei è in arresto.

–È uno scherzo?

–Si calmi. Non faccia movimenti bruschi.

–Ma voi siete pazzi! Sono solo una donna a un appuntamento. **Oltre al danno la beffa**, mi aveva pure dato buca!

–Lei è **sospettata** di aver collaborato alla **rapina** in banca.

–Te l'avevo detto che era strana –mormorò una delle donne del gruppo di lettura.

–Ha il **diritto di rimanere in silenzio**… –continuò il poliziotto.

Annesso al capitolo 2

Riassunto

Un uomo entra nel caffè, ma non è Leonardo. Laura pensa
che Leonardo sia molto scortese; è in ritardo di venti minuti
all'appuntamento. La porta si apre ed entrano alcune donne
di un gruppo di lettura. Laura chiama la sua amica Cecilia e le
dice che sta per andarsene, ma Cecilia non la fa finire e le dice
che la richiamerà. Si sente un gran rumore di sirene in strada
e due poliziotti entrano nella caffetteria e arrestano Laura. È
sospettata di essere la complice di una rapina in banca.

Vocabolario

buffo funny
mordersi le labbra to bite one's lips
suoi stessi pensieri her own thoughts
dare buca a qualcuno to stand somebody up
fetta slice
Che maleducazione How rude
copia copy
gruppo di lettura reading group
sentirsi a disagio feel out of place
stare per to be about to
rapinare to rob
immobile motionless
respiro breathing
oltre al danno la beffa adding insult to injury
sospettato suspected
rapina robbery
diritto di rimanere in silenzio right to remain silent

Domande a risposta multipla

6) Quando entra l'uomo con il giornale, Laura pensa che ___
   a. è molto attraente.
   b. indossa un bel vestito.
   c. è troppo vecchio.
   d. sembra carino.

7) Alla fine, Laura ordina ___
   a. solo un tè verde.
   b. un tè verde senza zucchero e un cornetto.
   c. un tè verde con zucchero e una fetta di torta.
   d. solo una fetta di torta.

8) Quando il gruppo delle donne parla di lei, ___
   a. Laura non sente cosa dicono.
   b. a Laura non interessa.
   c. Laura ride.
   d. Laura si sente offesa.

9) Cosa fa Laura alle 6:50?
   a. Chiama Cecilia.
   b. Ordina un'altra fetta di torta.
   c. Si mette a leggere sul tablet.
   d. Chiama Leonardo.

10) La polizia arresta Laura con quale accusa?
   a. Ha rubato nella caffetteria.
   b. Non vuole pagare il suo tè.
   c. È sospettata di aver collaborato a una rapina.
   d. Perché è sola e sembra sospetta.

Capitolo 3 — Leonardo salva la giornata

Laura uscì dalla caffetteria "Agnello Hornby" **in manette**, in una **fresca** serata primaverile.

Il poliziotto la spinse dentro la macchina. Le mise una mano sulla testa e chiuse lo sportello. Per un momento a Laura **venne voglia di** ridere.

Ma era più spaventata che divertita. "Il mio appuntamento è ufficialmente rovinato", pensò, cercando di **farsi coraggio**.

Il poliziotto al volante accese la sirena e afferrò la radio.

–Abbiamo la sospettata –disse, e accelerò **dirigendosi verso** il **commissariato** del quartiere.

–Questo è un errore **–disse tra i singhiozzi** Laura. – Chiedete di me nel mio posto di lavoro. Sono una brava persona.

–Non dica niente –disse il poliziotto–, potrebbe peggiorare la sua situazione. Segua il mio **consiglio**.

L'auto percorse Via Porta di Castro verso la stazione di polizia.

–Lasciala parlare –disse il poliziotto più giovane al volante. –A volte **cantano** proprio nei primi minuti, è quando dicono tutta la verità. Qual è il suo nome?

–Laura Salafia –disse con gli occhi umidi.

–Quanti anni ha? La verità. Non menta.

–Ho trentatré anni – rispose sollevando lo sguardo verso di lui. –Non è mia abitudine mentire sulla mia età.

–Qual è la sua occupazione principale? Oltre a quella di essere complice della rapina in una banca di Palermo.

–Io sono innocente –disse lei, convinta di essere stata **coinvolta** in un grosso **equivoco**. –Lavoro come revisore di testi per un giornale.

–Ha figli?

–No! E questo che c'entra? Che importa se ho figli o meno? Questi **non sono affari suoi**, anche se quello di cui mi si accusa fosse vero.

Il poliziotto al volante si voltò per guardare Laura.

–Quindi ammette di essere complice della rapina in banca?

–Ha appena cantato, **collega** –disse il secondo poliziotto.

–Cosa? Ho solo detto che non ho figli. Non ho detto altro.

La **pattuglia** si fermò davanti al commissariato e Laura era molto spaventata. Chi l'aveva accusata? C'era forse una **ladra** fisicamente uguale a lei, che era scappata, e ora lei avrebbe pagato al posto suo?

Almeno i poliziotti erano stati gentili e l'avevano trattata in maniera corretta.

Entrarono nella stazione di polizia e il poliziotto più giovane la rinchiuse in una piccola **cella**.

–Aspetti qui.

–Come sarebbe?! Non controllate nient'altro? Non prendete le mie **impronte digitali** e tutto il resto?

–Vedo che conosce la **procedura**. Quante volte è stata arrestata?

–Ma che dice?! Io…

–Lo sapevo. Adesso verrà a trovarla qualcuno.

–Voglio fare una telefonata! **Ho il diritto di** usare il telefono o no?

–No. Quello è solo nei film –disse il poliziotto e si allontanò.

"Sono degli stupidi, mi hanno lasciato tenere la borsa", pensò Laura. Una volta rimasta sola, prese il suo telefono e chiamò Cecilia. Fu la prima persona che le venne in mente. "Rispondi, ti prego".

–Pronto.

–Cecilia! –disse Laura e quasi scoppiò a piangere. La sua mano tremava.

–Che è successo? Dove sei?

–Al commissariato di polizia di Palermo. Devi **venire** qui.

Per la prima volta la sua amica fu puntuale. Dopo solo 15 minuti sentì la sua voce in fondo al corridoio.

Erano le 8:30 di sera e Laura era più calma adesso. Il poliziotto simpatico le aveva portato una tazza di tè e persino una rivista. "Il servizio è buono", pensò.

E le aveva lasciato tenere la borsa. Si era potuta sistemare il viso.

–Laura! Che hai combinato?

Cecilia era fuori dalla cella, con la sua borsa tra le mani.

–Io? Niente! Io stavo solo aspettando che arrivasse Leonardo all'appuntamento… –Laura iniziò a raccontare, ma smise subito di parlare. C'era qualcosa di strano. La sua amica Cecilia stava sorridendo. –Perché sorridi?

–Perché è così divertente! –rispose l'amica fuori dalla cella.

–Ma che cavolo dici?

Dietro Laura c'era il poliziotto che le aveva fatto tutte le domande in macchina. Il poliziotto più giovane e gentile, dai begli occhi, che le aveva portato una tazza di tè e una rivista.

Entrambi risero.

–Laura, questo è Leonardo –disse Cecilia guardando il poliziotto accanto a lei.

–Piacere di conoscerti, Laura –disse Leonardo tendendole la mano attraverso le sbarre. –Spero che il tè sia stato di tuo gradimento. Mi ha colpito molto la tua personalità. **Ti sei comportata** davvero bene in macchina.

–Come avete osato farmi una cosa del genere? –disse Laura.

–Te l'avevo detto che Leonardo era originale –rispose Cecilia. –Guarda il lato positivo. Se mai vi sposerete e avrete dei figli, cosa risponderete quando vi chiederanno: "E voi come vi siete conosciuti?

Annesso al capitolo 3

Riassunto

La polizia fa salire Laura nella vettura. Lei dice che si tratta di un errore. Il poliziotto più giovane le fa qualche domanda personale. Laura è molto spaventata, però pensa che i poliziotti siano gentili. Arrivano al commissariato e la rinchiudono in una cella, ma Laura ha ancora la sua borsa e il suo telefono. Telefona a Cecilia per chiederle aiuto. Cecilia arriva dopo qualche minuto. Sorridendo, dice a Laura che Leonardo è il poliziotto giovane. È stato tutto uno scherzo.

Vocabolario

in manette in handcuffs
fresco cool
venir voglia di to feel like
farsi coraggio to put a brave face on
dirigersi verso to head towards
commissariato police station
dire tra i singhiozzi to sob out
consiglio advice
cantare to squeal
coinvolto involved
equivoco misunderstanding
non sono affari suoi it's none of your business
collega colleague
pattuglia patrol
ladra thief
cella cell
impronte digitali fingerprints
procedura procedure
avere il diritto di to have the right to

venire to come

Ma che cavolo dici? What the hell do you mean?

comportarsi to behave

Come avete osato... How dare you...

Domande a risposta multipla

11) Quando il poliziotto giovane le chiede l'età, Laura ___
    a. mente.
    b. non risponde.
    c. gli dice che lei non mente sulla sua età.
    d. gli risponde che la sua età non importa.

12) Cosa pensa Laura dei due poliziotti quando è in macchina con loro?
    a. Che sono molto giovani.
    b. Che sono divertenti.
    c. Che sono curiosi.
    d. Che sono gentili.

13) Quando Laura chiede di poter fare una chiamata, ___
    a. il poliziotto le dice che non ne ha diritto.
    b. il poliziotto le lascia chiamare Cecilia.
    c. il poliziotto le dice che il telefono è guasto.
    d. il poliziotto ignora completamente Laura.

14) Quanto ci mette Cecilia ad arrivare al commissariato?
    a. quindici minuti
    b. trenta minuti
    c. un'ora
    d. otto ore e mezza

15) Alla fine, chi è Leonardo?
    a. il poliziotto giovane
    b. il poliziotto anziano
    c. il rapinatore della banca
    d. il cameriere

L'Isola dei Venti

Capitolo 1 — Don Fernando

L'Avana, 1730.

Don Fernando, un vecchio **marinaio** di 65 anni, era un uomo eccentrico. Le persone in città dicevano che era pazzo, altri dicevano che era un uomo **saggio**. Con l'età aveva fatto sua questa perla di saggezza: "per essere felice, bisogna avere poco".

Era stato sposato due volte ed era rimasto vedovo lo stesso numero di volte. Aveva dodici figli e aveva liberato tutti i suoi **schiavi**. Aveva navigato lungo tutte le coste dell'America. Adesso era stanco e **l'unica cosa** che desiderava era riposare in compagnia solo del suo cane.

Sua madre non lo avrebbe riconosciuto adesso, con i capelli bianchi come la neve.

–Spero che potremo ancora vivere delle belle avventure, ora che siamo soli, tu ed io –diceva al suo cane. –Lo desidero con tutta l'anima.

Il cane muoveva la **coda** quando gli diceva così.

–Ma per ora riposeremo, per tutto l'inverno –concluse don Fernando.

Per don Fernando, riposare significava mangiare bene, godersi la casa, piantare alberi, dormire tutto il giorno. Le sue due spose erano morte in tragici incidenti. Adesso pensava che non si sarebbe più sposato, perché **Dio non voleva che stesse con una donna**. A 65 anni era in pensione e si era ripromesso di non navigare mai più. Però aveva il mare nel sangue. Questo lo sapeva. Aveva il mare anche sulla pelle.

Camminava pensando ai suoi genitori a Madrid. Non li vedeva dal tempo del **regno** di Carlo II, lo **Stregato**. Erano passati già 35 anni da quando li aveva visti. Chissà se erano ancora vivi?

Don Fernando de Moncada y Guzmán si avvicinò alla taverna e si sedette a un tavolo vuoto. Al bancone c'era un oste con una gamba sola e un occhio solo. Don Fernando ne aveva visti molti come lui nella sua vita. Adesso L'Avana era una città tranquilla. I giorni dei pirati erano finiti.

–Che le porto, signore? –chiese il cameriere.

–Il solito di sempre, lo sai. Perché me lo chiedi?

–Subito, signore.

–Guarda, quello è l'uomo pazzo. Vive in un mondo immaginario –mormorò una persona seduta a distanza, mentre guardava nella direzione di don Fernando.

Mentre aspettava il suo bicchiere, don Fernando guardava le persone intorno a lui e, in lontananza, il mare, con le sue barche e i suoi uccelli. Nel porto c'erano molte famiglie che passeggiavano, bambini che correvano e donne con i loro **ventagli**.

Era domenica e c'era un bel sole. Il tempo non poteva essere meglio di così. Osservò le barche e **fece un sospiro**. Cercò di pensare ad altro.

A un altro tavolo vide un uomo seduto che scriveva qualcosa su un **pezzo** di carta ingiallita. Don Fernando **tossì** e vide che l'uomo si era alzato e si stava avvicinando al suo tavolo.

Il cameriere andò da don Fernando e gli diede il bicchiere **pieno fino all'orlo**.

–Quant'è? –chiese.

–Un peso.

–Che cosa? Così tanto?

–Don Fernando, sono giorni che non paga la sua consumazione.

–E va bene –disse, posando un peso sul tavolo–, puoi tenere il resto.

Il cameriere **zoppo** prese il denaro e andò a servire gli altri clienti.

L'uomo che guardava don Fernando gli si avvicinò lentamente, come un cane impaurito.

–Mi scusi, signore. Un **boccone** per questo buon amico?

–Va bene.

Don Fernando fece cenno al cameriere e il cameriere gli portò un bicchiere d'acqua e un pezzo di carne. Li diede all'uomo che iniziò a mangiare e bere velocemente. Don Fernando **inarcò le sopracciglia**.

–Però! Hai davvero fame!

–Sì, signore. Per la sua generosità, le parlerò di una grande occasione per lei. Mi chiamo Lucas.

–Io mi chiamo Fernando de Moncada y Guzmán. Ma **abbandoniamo le formalità**. Chiamami Fernando. A questo punto, **è lo stesso per me**.

–Grazie per il boccone–disse Lucas guardando il suo piatto.

–Una cosa da poco. Sei inglese?

–Di Newlyn, signore... volevo dire, Fernando.

–Che stavi facendo a quel tavolo?

–Ah, questo è proprio quello di cui volevo parlarti. Ho visto come guardavi le barche al porto. Conosco quello **sguardo**. Da giovane eri marinaio, non è così? Hai navigato molto.

–Ho navigato tanto **da bastare** per tre vite –disse.

–Come hai fatto a **indovinarlo**? Quattro volte andata e ritorno da Cadice a L'Avana e da L'Avana a Veracruz.

–Notevole. Eppure, la tua vita non è ancora finita. Scommetto che non hai mai visto l'Isola dei Venti.

–E cosa sarebbe? –chiese don Fernando con interesse.

–È un'isola dove il vento **soffia** così forte che può rompere le rocce delle montagne. Quando il vento soffia tra le **scogliere**, si sente come se fosse la voce di una donna. Dicono che quella voce sia talmente incantevole da far piangere anche il cuore più duro.

–Per la miseria! Non avevo mai sentito niente del genere. Tu ci sei stato lì?

–Una volta sola, quando ero giovane –rispose Lucas. –È tutta la vita che desidero tornarci, ma sono sempre stato imbarcato come marinaio. Non ho mai avuto una barca tutta mia... Fino a questo momento.

–E non è pericoloso andare in quell'isola, con un vento così forte?

–La mia barca è resistente... e noi cosa siamo? Uomini o **topi** che hanno paura di tutto? Guardati le mani, Fernando, quelle mani hanno vissuto tutti i pericoli del mare.

Don Fernando rimase in silenzio a pensare. La sua vita era diventata questo adesso? Mangiare, bere all'osteria, dormire a tutte le ore del giorno? Dov'era finito il suo spirito d'avventura?

–Sai navigare? –chiese don Fernando. –Io sono un uomo vecchio, da solo non potrei farlo.

–Sono un vecchio pirata –rispose Lucas.

–Sei un pirata? –chiese, con aria **dubbiosa**.

–Sì, ma non temere. Il governo mi ha concesso l'**indulto**. Adesso sono un **uomo per bene**. E, sì, so navigare. Con qualcuno come te al mio fianco, saremo invincibili. Per il viaggio bastano poche ore. Torneremo oggi stesso.

–Fammi vedere la tua barca –disse infine don Fernando.

I due uomini si alzarono e camminarono fino al porto. Il cameriere zoppo osservò e ascoltò tutto e **scosse** la testa.

"Don Fernando è pazzo. Pensa davvero di aver parlato con un vecchio pirata che lo porterà in un'isola meravigliosa? Ma chi sono io per dire qualcosa? Che Dio l'aiuti"

Annesso al capitolo 1

Riassunto

Don Fernando è un vecchio marinaio che vive col suo cane a L'Avana. Alcuni dicono che sia pazzo, altri dicono che sia un uomo saggio. Don Fernando si è ripromesso di non tornare a navigare, però ha il mare nel sangue. Un giorno incontra Lucas, un vecchio pirata che gli propone un'avventura: andare all'Isola dei Venti. Don Fernando pensa che sia pericoloso, ma decide di andare.

Vocabolario

marinaio sailor

saggio wise

schiavi slaves

l'unica cosa the only thing

coda tail

Dio non voleva che stesse con una donna. God didn't want him to be with a woman.

regno reign

stregato bewitched

ventaglio fan

fare un sospiro to sigh

pezzo piece

tossire to cough

pieno fino all'orlo filled to overflowing

zoppo crippled

boccone morsel

inarcare le sopracciglia to raise one's eyebrows

abbandonare le formalità to dispense with the formalities

è lo stesso per me it's all the same to me

sguardo look

da bastare to be enough

indovinarlo to guess it

soffiare to blow

scogliera cliff

topo, topi mouse, mice

dubbioso uncertain

indulto pardon

uomo per bene respectable man

scuotere to shake

Domande a risposta multipla

1) L'unica compagnia di don Fernando era/erano____
   a. i suoi figli.
   b. i suoi schiavi.
   c. la sua seconda moglie.
   d. il suo cane.

2) Che cosa aveva promesso a sé stesso, don Fernando?
   a. di non navigare più
   b. di vivere con poco
   c. di essere felice
   d. di riposare

3) Lucas, l'uomo inglese, ____
   a. invita Fernando a mangiare un pezzo di carne.
   b. paga da bere a Fernando.
   c. parla a Fernando di un'occasione.
   d. racconta a Fernando che era stato a Cadice e a Veracruz.

4) Lucas dice che ci vogliono ___ per arrivare all'Isola dei Venti da L'Avana.
   a. pochi minuti
   b. alcune ore
   c. un paio di giorni
   d. due settimane

5) Cosa pensa il cameriere quando don Fernando e Lucas se ne vanno?
   a. che vanno in un'isola meravigliosa
   b. che Dio aiuterà sempre don Fernando
   c. che don Fernando è pazzo
   d. che Lucas è un pirata

Capitolo 2 — La tempesta

Fernando e Lucas **mollarono gli ormeggi** della barca nel porto e salparono verso il mare azzurro. La barca navigava **lentamente**.

–*Rosalia* naviga **con grazia**, non è così, Fernando?

–Chi è Rosalia? –chiese don Fernando guardandosi intorno. I due erano soli sulla barca.

–Rosalia, la mia bambina, la mia amata, questa barca –disse l'amico– colei che ci porterà all'Isola dei Venti.

–Ma *Rosalia* **sembra** piuttosto una vecchietta –rispose don Fernando, mantenendosi sempre vicino alla costa –, fa molto rumore e sembra che al primo soffio di vento **affonderà**. Sei sicuro che ce la faccia a navigare?

–Certo! –rispose Lucas, in tono scontroso. –Se una volta ho trovato l'isola, la ritroverò di nuovo.

–Cosa intendi per trovare? Non sai come arrivarci?

Lucas **fissò** don Fernando e si portò le mani allo stomaco. Poi scoppiò a ridere e rise così tanto fino a diventare tutto rosso.

–Io non lo so dove sia l'isola, nessuno sa dove sia. Solo chi vuole veramente vederla potrà raggiungere le sue spiagge.

Don Fernando andò su tutte le furie.

–Ma mi avevi detto che...

–Io non ho mai detto che sapevo come arrivarci.

Il vecchio marinaio rimase in silenzio. **Ad un tratto** pensò di essere salito sulla barca di un pazzo. Era forse in pericolo? Notò con preoccupazione che il sole stava cominciando a tramontare. Ed erano già molto lontani da L'Avana.

–Dobbiamo tornare a L'Avana subito –disse don Fernando.

Lucas sembrava preoccupato. Il vento soffiava sempre più forte.

–Temo che dovremo passare la notte in mare –disse Lucas–, **la corrente** ci ha fatto allontanare dalla costa. Non ho idea di dove siamo.

–Di certo avrai qualche strumento, o una mappa, a bordo.

–Non ho strumenti –rispose l'inglese. –Se vuoi arrivare all'Isola dei Venti devi navigare senza strumenti. La leggenda dice così. Nessuno è arrivato all'isola usando una mappa. Deve essere un'avventura improvvisata.

–Sono tutte **fesserie**! –gridò don Fernando. –Sono stato uno sciocco a salire su questa barca che finirà nel **fondo** del mare. E finirò nella stessa tomba di un pazzo.

Nuvole nere si accumularono su *Rosalia*, che stava già resistendo alle **onde**. Iniziò a cadere una **pioggia leggera** che a poco a poco **si trasformò in** una tempesta. La barca **rimbalzava** da una parte all'altra, i due uomini **si aggrapparono ai** pali e don Fernando si mise a **pregare**. Lucas si mise a ridere.

–Questa è una cosa buona, Fernando. È di **buon augurio**. Bisogna che ci perdiamo! Solo così potremo arrivare all'Isola dei Venti.

Adesso don Fernando aveva la certezza che Lucas fosse pazzo. O forse il pazzo era lui? Desiderava solo che *Rosalia* resistesse alla tempesta e di poter riprenderne il controllo al mattino per tornare a L'Avana.

Verso le cinque del mattino il vento si calmò, la tempesta **si placò** e si trasformò in una pioggia leggera. Don Fernando vide Lucas seduto in coperta, mentre guardava le stelle e cantava una vecchia canzone in inglese.

> *Shiver my timbers, shiver my soul.*
> *Yo oh, heave ho!*
> *There are men whose hearts are as black as coal.*

Don Fernando non capì le parole, ma riconobbe la melodia e impallidì. Era una canzone dei pirati. La conosceva bene. L'aveva ascoltata molte volte quando era giovane, a Cuba. Era possibile che Lucas fosse ancora un pirata?

–Vieni, amico –disse Lucas–, cantiamo insieme.

–È pericoloso cantare quelle canzoni –rispose don Fernando. –Potremmo finire in **carcere** per questo.

–Così non va bene –rispose Lucas. –Non è il modo di parlare con un vecchio amico.

–Tu non sei un vecchio amico. Ti conosco da un giorno. Sono stato uno sciocco a fidarmi di quella storia dell'isola misteriosa. Ascolta, dobbiamo tornare a L'Avana oggi stesso.

–Hai problemi ad avere un amico pirata? –rise Lucas. –Non preoccuparti. Il governo di sua maestà mi ha concesso l'indulto tanti anni fa.

–Il tuo passato non mi interessa, ma siamo troppo lontani dalla costa e non credo che questa imbarcazione resisterà a un'altra tempesta.

–Senti, senti questo! –richiamò la sua attenzione Lucas.

Era la voce di una donna che **chiedeva aiuto**.

–Com'è possibile? Siamo in mezzo al mare. È senza dubbio la voce di una donna. Si sente in lontananza, ma è senza dubbio una donna. O sono due donne **perdute**?

Due uccelli **sorvolarono** *Rosalia*.

–**Terra in vista!** –gridò Lucas **alzando le braccia**.

–Terra? Dove? Ma se siamo lontani da ogni isola conosciuta!

In lontananza videro una montagna. Sulla **cima** c'erano molti picchi, come se fossero stati tagliati con un coltello affilato. Il vento che proveniva dall'isola sembrava la voce di una donna che cantava.

–Siamo arrivati! –disse Lucas, saltando sul ponte dell'imbarcazione. –L'Isola dei Venti!

Annesso al capitolo 2

Riassunto

Fernando e Lucas navigano con la barca di Lucas. Lucas gli dice che possono trovare l'isola solo se non usano mappe o strumenti di navigazione. Fernando s'arrabbia e pensa che Lucas sia pazzo. Arriva una tempesta. Quando la tempesta si placa, sentono la voce di una donna che chiede aiuto. Poi avvistano terra: hanno raggiunto l'Isola dei Venti.

Vocabolario

mollare gli ormeggi to cast off
lentamente slowly
con grazia gracefully
sembrare to look like
affondare to sink
fissare to stare at
ad un tratto all of a sudden
la corrente the current
fesserie nonsense
fondo bottom
onda wave
leggera pioggia drizzle
trasformarsi in to change to
rimbalzare to bounce
aggrapparsi a to clutch
pregare to pray
buon augurio good omen
placarsi to subside
carcere jail
chiedere aiuto to call for help
perduto lost

sorvolare to fly over

Terra in vista! Land ahoy!

alzare le braccia to raise one's arms

cima top

Domande a risposta multipla

6) Rosalia è ___

   a. un'anziana.

   b. la prima moglie di Fernando.

   c. la figlia di Lucas.

   d. una barca.

7) Come reagisce don Fernando quando Lucas dice che ritroverà l'isola?

   a. S'arrabbia.

   b. Ride così tanto fino a diventare tutto rosso.

   c. Dice che lui sa come arrivarci.

   d. Si mette a pregare.

8) La leggenda dice che per arrivare all'Isola dei Venti bisogna ___

   a. portare molti strumenti di navigazione.

   b. improvvisare.

   c. consultare una mappa.

   d. navigare per delle ore.

9) Lucas dice che la tempesta è ___

   a. un segno di malaugurio.

   b. di buon auspicio.

   c. un problema.

   d. piacevole.

10) A cosa si riferisce Lucas quando dice "Senti, senti questo"?
a. al rumore delle onde
b. al rumore delle rocce
c. al rumore della barca
d. al richiamo di una donna che chiede aiuto

Capitolo 3 — Lucas

I due uomini avvicinarono la barca alla riva, alla ricerca di un punto in cui approdare. Non trovarono porti naturali. Quando si stancarono di cercare, i due si tuffarono in acqua e portarono la barca a riva nuotando. Poi la trascinarono sulla **sabbia**.

–Qui la barca sarà al sicuro –disse don Fernando, che aveva visto molte isole nella sua vita, anche se nessuna come questa.

Lucas camminò davanti a don Fernando guardando dappertutto, e andò a riposare sotto un albero.

–L'isola è stupenda, mio caro amico –disse l'inglese. –Potrei vivere qui felicemente per il resto della mia vita.

Don Fernando era **diffidente**. C'erano rocce ovunque. Era vero quello che si diceva dell'isola? Tutto ciò che voleva era tornare a L'Avana, anche se l'isola sembrava un paradiso. Non c'era nessuno sulle sue spiagge o sulle scogliere. Non c'erano rumori, tutto taceva. Si sentiva solo il vento.

Camminarono lungo la spiaggia, **erano sfiniti** dopo la tempesta, e nel pomeriggio il vento iniziò a soffiare più forte.

–Ascolta –disse Lucas–, ecco di nuovo quel vento che sembra la voce di una donna che canta.

–Sì, è bellissimo –disse don Fernando. –È talmente bello che **mi viene da piangere**.

–Ti ricorda qualche donna? –chiese Lucas un po'
perplesso.

–Mi ricorda due donne, per esser precisi –disse don
Fernando abbassando lo sguardo. –Ascolta, stanotte
dormiremo sull'isola e domani torneremo a L'Avana.

All'improvviso il vento cominciò a soffiare più forte
e quella che prima sembrava una voce di donna ora
sembrava un **coro**. I due uomini rimasero a bocca aperta.

Quando il sole iniziò a **tramontare**, il vento era
feroce. Iniziò lo **smottamento** delle rocce. Le rocce
scivolavano giù dalle **colline** e **rotolavano** fino alla
spiaggia.

–Dobbiamo andarcene da qui! –gridò don Fernando.
–Le rocce ci cadranno addosso. Queste spiagge non sono
sicure!

Per la prima volta, il suo amico Lucas sembrò essere
d'accordo. Corsero alla barca sulla spiaggia, **schivando**
le rocce che scendevano con il **forte vento**. Lucas
correva più velocemente.

Don Fernando si fermò a guardare una roccia che
stava per **abbattere** una **palma**. Lucas evitò una roccia
più piccola che gli rotolò davanti.

–Oh, no! –gridò Lucas.

–Che succede? –chiese il suo amico.

I due osservarono la scena con orrore. Le rocce che
erano rotolate sulla spiaggia avevano colpito la loro
imbarcazione. Lo **scafo** era distrutto.

–Siamo perduti! È impossibile navigare con quella
barca.

–Non avremmo mai dovuto lasciare L'Avana –disse don Fernando **mettendosi le mani nei capelli**. –Ora dovremo aspettare che qualcuno ci salvi. Chissà quanto tempo dovremo restare su quest'isola!

Passò molto tempo. Una mattina don Fernando **intravide** una nave in lontananza. Erano passati quattro anni e il suo aspetto era quello di un **naufrago**. La sua barba bianca era lunga e le sue braccia erano forti e molto abbronzate.

–Lucas, oggi è il nostro giorno fortunato –urlò.

Non ricevette risposta.

Raccolse un **mucchio** di rami e foglie secche, e accese un fuoco. Gettò anche delle foglie verdi così il fuoco iniziò a **fare un fumo** nero e **denso**.

Poté vedere da lontano che la nave sembrava fermarsi. Don Fernando si chiese se la nave avesse davvero **cambiato rotta** o meno. Alla fine, capì che aveva virato.

–Sembra che ci abbiano visto, amico.

Poche ore dopo, non avevano più dubbi. La nave stava navigando in direzione dell'Isola dei Venti. Don Fernando, con i suoi 69 anni, gridava e saltava dalla gioia.

–Ah, la nave!

La nave aveva virato e girava intorno all'isola in cerca di un posto dove **attraccare** al sicuro, poiché non c'erano porti naturali. Finalmente, si arrestò e una **scialuppa** si avvicinò alla spiaggia.

La nave batteva bandiera spagnola. Don Fernando ebbe paura per il suo amico Lucas, che era un pirata.

–Chi è lei? –chiese l'ufficiale sulla scialuppa.

–Il mio nome è Fernando de Moncada y Guzmán. Sono un cittadino di Cuba, sono nato a L'Avana. Il mio amico ed io siamo arrivati quattro anni fa. Ringraziamo Dio che finalmente ci avete trovati–disse **inginocchiandosi.**

–Don Fernando, oggi è il suo giorno fortunato. Le sue **pene** sono finite –disse un uomo **elegante** in uniforme. –Sono Rafael Ibáñez, capitano della nave. Andremo a Cartagena, e poi andremo a L'Avana. Può venire con noi.

–E il mio amico?

–Dov'è il suo amico? –chiese il capitano Ibáñez. –C'è qualcun altro con lei?

–Certo –disse don Fernando. –Il mio **fedele** amico. È stato con me tutti questi anni e si è preso cura di me di notte. Senza di lui, sarei impazzito in questa solitudine.

Il capitano guardò Lucas, che stava risalendo la spiaggia, e sorrise.

–Naturalmente anche il suo amico può venire con noi.

–Lucas, raccontagli le avventure che abbiamo vissuto insieme. Lucas, di' al capitano da quanti anni ci conosciamo.

Lucas **abbaiò** solo due volte e agitò la coda. Sarebbero finalmente tornati a casa.

Annesso al capitolo 3

Riassunto

Una volta raggiunta l'isola, trascinano la nave sulla sabbia. Sentono di nuovo il vento che sembra una voce di donna. Il vento soffia così forte che le rocce scendono dalla montagna e colpiscono la barca distruggendola. Don Fernando e Lucas non possono più tornare a L'Avana. Anni dopo, Don Fernando e il suo fedele cane Lucas vengono salvati.

Vocabolario

sabbia sand
diffidente distrustful
essere sfinito to be exhausted
mi viene da piangere... I feel like crying...
coro choir
tramontare to set
feroce fierce
smottamento landslide
collina hill
rotolare to roll down
schivare to dodge
forte vento strong wind
abbattere to knock down
palma palm tree
scafo hull
mettersi le mani nei capelli to throw up one's hands
intravedere to make out
naufrago castaway
mucchio heap
fare un fumo denso to make a thick smoke
cambiato rotta changed course

attraccare to dock
scialuppa lifeboat
inginocchiarsi to kneel
pena suffering
elegante smart
fedele faithful
abbaiare to bark

Domande a risposta multipla

11) Raggiunta l'isola, Don Fernando e Lucas lasciano la barca ___
   a. al porto.
   b. vicino a un albero.
   c. nell'acqua.
   d. sulla sabbia.

12) Quando sentono il vento che sembra la voce di una donna ___
   a. Fernando dice che è bellissimo.
   b. Fernando ha paura.
   c. Lucas dice che devono andarsene.
   d. Lucas dice che la spiaggia non è sicura.

13) Perché Fernando e Lucas non possono tornare a L'Avana con la loro barca?
   a. Perché il forte vento s'è portato via la barca.
   b. Perché qualcuno ha rubato la barca.
   c. Perché le rocce hanno distrutto lo scafo.
   d. Perché il vento ha distrutto le vele.

14) Come è riuscito don Fernando ad allertare la nave che
lo ha salvato?
   a. saltando e muovendo le mani
   b. gridando
   c. accendendo un fuoco
   d. con una bandiera

15) Chi è Lucas nella realtà?
   a. il figlio di don Fernando
   b. il cane di don Fernando
   c. il cameriere zoppo
   d. Lucas non esisteva

Answer Key

Il castello: *Capitolo 1:* 1. c, 2. b, 3. d, 4. b, 5. a; *Capitolo 2:* 6. d, 7. c, 8. a, 9. a, 10. b; *Capitolo 3:* 11. a, 12. a, 13. c, 14. a, 15. b

Il cuoco: *Capitolo 1:* 1. c, 2. d, 3. c, 4. b, 5. a; *Capitolo 2:* 6. a, 7. b, 8. c, 9. a, 10. a; *Capitolo 3:* 11. b, 12. d, 13. d, 14. d, 15. c

Robot: *Capitolo 1:* 1. b, 2. c, 3. c, 4. a, 5. d; *Capitolo 2:* 6. a, 7. c, 8. b, 9. d, 10. d; *Capitolo 3:* 11. a, 12. b, 13. b, 14. d, 15. c

Il terremoto: *Capitolo 1:* 1. b, 2. a, 3. d, 4. c, 5. b; *Capitolo 2:* 6. c, 7. d, 8. d, 9. a, 10. a; *Capitolo 3:* 11. b, 12. d, 13. d, 14. b, 15. a

Connor and the Bakers: *Capitolo 1:* 1. d, 2. c, 3. b, 4. d, 5. a; *Capitolo 2:* 6. a, 7. d, 8. d, 9. c, 10. b; *Capitolo 3:* 11. a, 12. c, 13. c, 14. a, 15. d

L'erba di piume: *Capitolo 1:* 1. b, 2. a, 3. d, 4. b, 5. c; *Capitolo 2:* 6. c, 7. d, 8. d, 9. c, 10. c; *Capitolo 3:* 11. c, 12. a, 13. b, 14. b, 15. d

Appuntamento al buio: *Capitolo 1:* 1. a, 2. b, 3. d, 4. c, 5. a; *Capitolo 2:* 6. c, 7. c, 8. d, 9. a, 10. c; *Capitolo 3:* 11. c, 12. d, 13. a, 14. a, 15. a

L'isola dei venti: *Capitolo 1:* 1. d, 2. a, 3. c, 4. b, 5. c; *Capitolo 2:* 6. d, 7. a, 8. b, 9. b, 10. d; *Capitolo 3:* 11. d, 12. a, 13. c, 14. c, 15. b

Italian–English Glossary

A

A prima vista At first glance

a tre isolati da three blocks away from

abbaiare barking

abbaiare to bark

abbandonare le formalità to dispense with the formalities

abbattere to knock down

accarezzare to stroke

accordi (gli) agreements

Ad un tratto All of a sudden

addentrarsi nel bosco to get into the wood

addolorato/addolorata (m/f) grieved

affollato/affollata (m/f) crowded

affondare to sink

aggrapparsi a to clutch

aggrottare la fronte to frown

al buio in the dark

al di fuori outside

Al volo! Immediately!

all'aria aperta in the open air

all'improvviso suddenly

allungare to stretch

altri membri (gli) other members

alzare to raise

alzare le braccia to raise one's arms

alzare le mani al cielo to throw up one's hands

alzare lo sguardo to look up

ammanettare to handcuff

amore perduto (l') long lost love

andato/andata gone, broken

Andiamo al sodo Let's get to the point

angolo (l') corner

animali da soma (gli) pack animals

apparenza (l') look

appartenere to belong

appuntamento al buio (l') blind date

arazzi (gli) tapestries

armarsi di pazienza to be patient

arrabbiarsi to get angry

asino (l') donkey

aspetto (l') appearance

asta (l') auction

attraccare to dock

attraverso across

attutire la caduta to cushion the fall

audace (m/f) daring

aver catturato to have captured

avere abbastanza batteria to have enough charge

avere il diritto di to have the right to

avere un senso to make sense

B

balbettare to babble

barella (la) stretcher

basso (il) bass

batterista (il/la) drummer

bianco/bianca (m/f) white

bocciature (le) failures

boccone (il) morsel

bombolone (il) doughnut

botola (la) trap door

brevemente briefly

brillare to shine

brivido (il) shiver

bruciato/bruciata (m/f) burnt

buche (le) holes

buffo/buffa (m/f) funny

bugia (la) lie

buon augurio (il) good omen

buona fortuna (la) good luck

C

cambiare un pannolino to change a nappy

cambiato rotta changed course

camice bianco (il) white coat

cammelli (i) camels

campo di battaglia (il) battlefield

cantare to squeal

capannone (il) depot

capelli bianchi (i) white hair

capelli sciolti (i) hair down

capra (la) goat

carcere (il) jail

casa discografica (la) record company

cassa (la) trunk

cavar sangue da una rapa to draw blood from a stone

cavi (i) cables

cella (la) cell

cessare to stop

Che faccia tosta! What cheek!

Che maleducazione How rude

chef di cucina (lo) chef

chiedere aiuto to call for help

cima (la) top

cinghiali (i) wild boars

coda (la) tail

coinvolto/coinvolta (m/f) involved

collaudare to test

collega (il/la) colleague

collina (la) hill

colto/colta (m/f) learned

come al solito as usual

Come avete osato How dare you

Come va, ragazzo? What's up, kid?

come vedi as you can see

come vuoi tu as you wish

commettere un errore to make a mistake

commissariato (il) police station

compagni (i) companions

comportarsi to behave

con grazia gracefully

con la bocca piena with your mouth full

condurre to lead

conferenza stampa (la) press conference

consiglio (il) advice

coperta (la) blanket

copertina (la) cover

copia (la) copy

coro (il) choir

correggere to correct

corrente (la) current

costa (la) coastline

crisi nervosa (la) nervous breakdown

D

d'argento silver

d'un tratto suddenly

da allora since then

da bastare to be enough

da soccorso rescue

da tutte le parti everywhere

dappertutto everywhere

dare buca a qualcuno to stand somebody up

dare coraggio to give courage

dare l'ordine to give the order

dare ragione to prove right

dare tutto di sé to give one's all

dare un'occhiata to have a look

datteri (i) dates

debole (m/f) faint

dei piatti miei dishes of my creation

denso/densa (m/f) thick

di about

Di che si tratta? What is it?

Di' come ti senti Say how you feel

diffidente (m/f) distrustful

dimenticare to forget

Dio non voleva che stesse con una donna God didn't want him to be with a woman

dire tra i singhiozzi to sob out

direzione (la) direction

dirigersi al commissariato to head for the police station

dirigersi verso to head towards

diritto di rimanere in silenzio (il) right to remain silent

disgustato/disgustata (m/f) disgusted

disturbare to trouble

diventare to become

dolce (m/f) sweet (character)

dolce (m/f) sweet (taste)

doppio senso (il) double meaning

Dove state andando? Where are you going?

dover scappare to have to run away

dubbioso/dubbiosa (m/f) uncertain

duramente harshly

E

è lo stesso per me it's all the same to me

è uguale it's all the same

edifici distrutti (gli) destroyed buildings

elegante smart

emozionarsi to be moved

enorme huge

equivoco (l') misunderstanding

Era colpa mia. It was my fault.

Era come se Sebastiano sapesse. It was as if Sebastiano knew.

erba (l') grass

esercito (l') army

essere fuori di testa to be bonkers

essere in gioco to be at stake

essere invischiato to be embroiled

essere pronti a to be ready to

essere sfinito to be exhausted

essere sul punto di to be about to

esseri umani (gli) human beings

essersi tolta un peso dalle spalle to have a weight lifted off her shoulders

F

facciata (la) facade

fallimento (il) failure

fallire to fail

fango (il) mud

fannullone (il) layabout

Fantastico! Awesome!

fare smorfie to grimace

fare un cenno to gesture

fare un fumo denso to make a thick smoke

fare un sospiro to sigh

fare venire voglia di make one want to

fari headlights

farsi coraggio to put a brave face on

farsi notte to get dark

fasciato/fasciata (m/f) bandaged

Feci un respiro di sollievo. I breathed a sigh of relief.

fedele (m/f) faithful

feriti (i) casualties

fermarsi to stop

feroce (m/f) fierce, wild

fesserie (le) nonsense

fetta (la) slice

fidato/fidata (m/f) trustworthy

finestrino (il) car window

fiore all'occhiello (il)
buttonhole flower
firmare to sign
fissare to stare at
fondo (il) bottom
forestiero (il) stranger
forte vento (il) strong wind
fresco/fresca (m/f) cool
fulmine (il) lightning
fumo (il) smoke

G
gallina (la) chicken
gemito (il) groaning
giocattolo (il) toy
giurare to swear
goffamente awkwardly
granai (i) grain stores
grattarsi to scratch
gridare to scream
gruppi spalla (i) backing
bands
gruppo di lettura (il)
reading group
guardia (la) guard
guarire to recover
guaritore (il) healer
guerriero (il) warrior
guidare to drive

H
Ho delle buone notizie. I
have good news.
Ho l'onore di presentarvi
I'm honoured to introduce
I
immobile (m/f) motionless

impallidire to turn pale
impazzito/impazzita (m/f)
gone crazy
**imprevisto/imprevista
(m/f)** unforeseen
impronte digitali (le)
fingerprints
**improvviso/improvvisa
(m/f)** sudden
impugnare to grab
in casa at home
in fondo al at the back of
in manette in handcuffs
in mezzo al nulla in the
middle of nowhere
inarcare le sopracciglia to
raise one's eyebrows
incessantemente non-stop
inchino (l') bow
inciampare to trip over
incontrare to bump into
incredulo/incredula (m/f)
disbelieving
incrocio (l') crossroads
indicare to point to
indovinarlo to guess it
indovino (l') fortune teller
indulto (l') pardon
**infastidito/infastidita
(m/f)** annoyed
inginocchiarsi to kneel
**intrappolato/intrappolata
(m/f)** trapped
intravedere to make out
invano in vain
invecchiare to get old

invecchiato/invecchiata (m/f) aged

investimento (l') investment

investire to invest

isolato/isolata (m/f) secluded

L

l'estate stava finendo summer was ending

l'idea era che the idea was that

l'unica cosa the only thing

la cosa non è così tragica it's not so bad

la sua carriera sarebbe fallita her career would be over

lacrima (la) tear

ladra (la) thief

ladro (il) robber

lamentarsi to moan

lasciami indovinare let me guess

latrare to snarl

le sue cose his stuff

legare to tie

legato/legata (m/f) tied

leggera pioggia (la) drizzle

Lei mi ricorda You remind me of

lentamente slowly

leva (la) lever

libero arbitrio (il) free will

licenziato/licenziata (m/f) fired

locandina (la) flyer

luna piena (la) full moon

lungomare (il) seafront

lussuoso/lussuosa (m/f) luxurious

M

Ma che cavolo dici? What the hell do you mean?

Ma come ci riuscirà? How will he manage it?

macchiato/macchiato (m/f) stained

maga (la) sorceress

mancia (la) tip

mandare a chiamare to send for

marinaio (il) sailor

Me lo sento! I feel it!

mendicante (il/la) beggar

menta (la) mint

mercanzia (la) goods

mettere in moto to start the engine

mettersi le mani nei capelli to throw up one's hands

mi manca I miss

mi tese la mano held out her hand to me

mi viene da piangere I feel like crying

miele (il) honey

minacciare to threaten

miracolo (il) miracle

miscela (la) blend

miserabile (m/f) unhappy

mollare gli ormeggi to cast off

monete di rame (le) copper coins

mordere to bite

mordersi le labbra to bite one's lips

movimentato/ movimentata (m/f) hectic

mucchio (il) heap

muro (il) wall

muto/muta (m/f) silent

N

naufrago (il) castaway

Neanche per sogno. Not a chance.

Neanche un'anima viva. Not a living soul.

nel frattempo in the meantime

non è male di aspetto he's not bad looking

Non pensarci nemmeno a Don't even think of

non sapere cosa dire not to know what to say

non sono affari suoi it's none of your business

O

occhiali (gli) glasses

occhiata veloce (l') quick glance

odio (l') hatred

officina (l') garage

olfatto (l') sense of smell

oltre al danno la beffa adding insult to injury

onde (le) waves

oro (l') gold

orzo (l') barley

ottenere to obtain

P

paga (la) pay

palma (la) palm tree

palo del telefono (il) telephone pole

parcheggiato/ parcheggiata (m/f) parked

passare senza fermarsi to pass without stopping

Passarono molti anni Many years went by

pattuglia (la) patrol

pelare to peel

pelle rugosa (la) wrinkled skin

pena (la) suffering

per ogni evenienza for all eventualities

perché non sei rimasto why didn't you stay

perduto lost

pezzi di ricambio spare parts

pezzo (il) piece

pieno/piena (m/f) di rabbia full of anger

pieno/piena (m/f) fino all'orlo filled to overflowing

pilotare to fly

placarsi to subside

ponte (il) bridge

portare in spalla to carry on one's shoulder

potare to prune
potente (m/f) powerful
prato (il) lawn
pregare to pray
prendere appunti to take
 notes
prigione (la) jail
procedura (la) procedure
promessa sposa (la) fiancée
pronto soccorso (il) first aid
proprietario (il) owner
proprio in quel momento
 just at that moment
prospettarsi bene to look
 good

Q
quasi pronto almost ready
Questi sono affari miei
 That's my business

R
raccogliere to collect
raccogliere le forze to
 gather strength
ragazzo (il) boy
rapina (la) robbery
rapinare to rob
realizzare to realise
registrare to register
 (a person)
registrare to record (music)
regno (il) reign
reportage (il) news story
respirare to breathe
respirare con fatica to have
 trouble breathing

respiro (il) breathing
reti (le) nets
ricompensa (la) reward
ricordo (il) memory
rifiutarsi to refuse
rimanere to remain
rimanere immobile to keep
 motionless
rimbalzare to bounce
riscaldamento (il) heating
rispondere to answer
ritratti (i) portraits
rivolgersi to turn to
rotolare to roll down
rovinare to damage
ruscello (il) stream

S
s'è svegliato ammalato he
 woke up ill
sabbia (la) sand
saggio/saggia (m/f) wise
sala d'aspetto (la) waiting
 room
salopette di jeans (la)
 denim overalls
saltare dalla gioia to jump
 with joy
sapori (i) flavours
sbattere le palpebre to blink
sbucciare to peel
sbuffare to grumble
scafo (lo) hull
scherzare to joke
schiavi (gli) slaves
schivare to dodge
scialuppa (la) lifeboat

sciocchezze (le) nonsense

scogliera (la) cliff

scontroso/scontrosa (m/f) grumpy

sconvolto/sconvolta (m/f) shocked

scoppiare a ridere to burst out laughing

scordarsi to forget

Scordatelo! Forget it!

scuotere to shake

scusarsi to apologise

se avesse fallito if he had failed

se le cose per cui vale la pena lottare fossero facili, chiunque potrebbe farle if the things worth fighting for were easy, anybody could do them

sedile posteriore (il) back seat

sembrare to look like

sembrare to seem to be

sembrare to sound like

sembrare triste to look sad

semplice (m/f) simple

sentirsi a disagio to feel out of place

senza fare domande without asking any questions

seta (la) silk

severamente proibito/ proibita (m/f) strictly prohibited

sfinito/sfinita (m/f) exhausted

sguardo (lo) look

sguardo fisso (lo) blank stare

sidro (il) cider

sistemarsi to settle down

situato/situata (m/f) alla periferia located in the outskirts

smorfia di dolore (la) grimace of pain

smottamento (lo) landslide

soffiare to blow

solcare to cut through

soldati (i) soldiers

solennemente solemnly

sollevare to raise

sollevato relieved

Sono per strada I am on my way

soprannome (il) nickname

sopravvissuti (i) survivors

sorvolare to fly over

sospettare to suspect

sospettato/sospettata (m/f) suspected

sospirare to sigh

spaccarsi to crack open

spesso often

spiccare to stand out

spiritoso/spiritosa (m/f) humorous

stampella (la) crutch

stanza sotterranea (la) underground room

stare per to be about to

stordito/stordita (m/f) dazed

strega (la) witch

stregato/stregata (m/f) bewitched

stringere la mano to shake hands

strizzare l'occhio to wink

stupito/stupita (m/f) astounded

sudare to sweat

sufficiente (m/f) sufficient

suoi stessi pensieri her own thoughts

sussurrare to whisper

svanire to vanish

svelto/svelta (m/f) fast

T

targhetta (la) nameplate

Te l'assicuro I assure you

tela (la) cloth

telegiornale (il) news

temperato/temperata (m/f) mild

tende (le) tents

tendere la mano a to hold out one's hand to

Terra in vista! Land ahoy!

terremotati (i) earthquake victims

terremoto (il) earthquake

testata (la) engine head

tirare to throw

titolare (il/la) owner

topo (il), topi (i) mouse, mice

torre (la) tower

torte (le) cakes

tossire to cough

tramontare to set

trappola (la) trap

trasformarsi in to change to

trovarsi bene to do well

U

un bel po' di lots of

uomo per bene (l') respectable man

V

Va tutto bene Everything is OK

Va' a farti un giro Take a hike

vaso (il) vase

venir voglia di to feel like

venire to come

ventaglio (il) fan

vero/vera (m/f) real

viaggiatore (il) traveller

vicoli stretti (i) narrow lanes

viso (il) face

vivavoce (il) speakerphone

volto (il) face

Z

zoppo (lo) crippled

zoppo/zoppa (m/f) lame person

Acknowledgements

If my strength is in the ideas, my weakness is in the execution. I owe a huge debt of gratitude to the many people who have helped me take these books past the finish line.

Firstly, I'm grateful to Aitor, Matt and Connie, for their contributions to the books in their original incarnation. To Richard and Alex for their support in expanding the series into new languages.

Secondly, to the thousands of supporters of my website and podcast, *StoryLearning.com*, who have not only purchased books but who have also provided helpful feedback and inspired me to continue.

More recently, to Sarah, the Publishing Director for the *Teach Yourself* series, for her vision for this collaboration and unwavering positivity in bringing the project to fruition.

To Rebecca, almost certainly the best editor in the world, for bringing a staggering level of expertise and good humour to the project, and to Chloe, for her work in coordinating publication behind the scenes.

My eternal gratitude to the entire *StoryLearning* team, for helping us continue to grow in weird and wonderful ways, and reach so many language learners around the world. We're doing good work.

To my parents, for an education that equipped me for such an endeavour.

Lastly, to JJ and EJ. This is for you.

Olly Richards

Olly Richards

Notes

Use *Teach Yourself Foreign Language Graded Readers* in the Classroom

The *Teach Yourself Foreign Language Graded Readers* are great for self-study, but they can also be used in the classroom or with a tutor. If you're interested in using these stories with your students, please contact us at learningsolutions@teachyourself.com for discounted education sales.

Want to easily incorporate extensive reading into your curriculum?

Check out the *Short Stories Teacher's Guide* from readers.teachyourself.com to get ready-made lesson plans, adaptable worksheets, audio, and pre-, in- and post-reading activities.

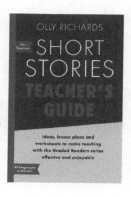

Bonus Story

Ready for a challenge? Try the *Short Stories in Italian for Intermediate Learners* Bonus Story – completely free!

Go to readers.teachyourself.com/redeem and enter **bonus4u** to claim your free Bonus Story. You can then download the story onto the Language Readers app.

GIALLO AL CASTELLO DI SCILLA

Era il primo vero giallo che fosse mai capitato in paese. Marco era determinato a fare in modo che L'Eco di Scilla *fosse il primo a pubblicare la storia in tutto il mondo.*